会話を哲学する

コミュニケーションとマニピュレーション

三木那由他

光文社新書

はじめに

会話とはどういった営みなのでしょうか？　ひとは会話をすることでいったい何をしているのでしょうか？　私は卒業論文でそうしたテーマに関わる哲学者を論じて以来、大学院でも、その後の研究でも、ずっとこの問題に取り組んできました。

そんななかで少しずつわかってきたのは、「会話というのは、実は一枚岩の営みではなく、そのなかにいくつもの異なる営みが含まれている集合体なのではないか」ということでした。いったいいくつの営みが含まれていて、それらがどう関係しているのか、まだはっきりとしたことはわかりません。でも、少なくともそれには「コミュニケーション」と「マニピュレーション」というものがあるのではないか、と考えています。詳しくは第一章で述べますが、コミュニケーションは発言を通じて話し手と聞き手のあいだで約束事を構築していくような営みで、マニピュレーションは発言を通じて話し手が聞き手の心理や行動を操ろうとする営みです。

本来の私の研究では、こうしたテーマを哲学の問題として取り扱っています。分析哲学と呼ばれる分野の道具立てや議論の立てかたを使って、ときに思考実験などをしながら、どうにかコミュニケーションという概念の内実を探ったりしています。分析哲学というのは、現代だと主に英語圏で広まっている哲学の流派で、はっきり「こういうもの」と述べるのはそれ自体が一分野になっているくらいに難しいのですが、ざっくりとまとめるなら論理学や数学、自然科学に敬意を払いながら哲学に取り組もうという考えかた、くらいに思ってもらうといいかと思います。私も自分の議論をするうえで、言語学や心理学の話をいろいろと持ち出したりしています。

ただ、この本では私の研究をテクニカルなかたちで紹介するということはしません。むしろ、この研究によって私が得た視点から、さまざまな会話がどのように見えているのかといったことを語っていきたいと思っています。

会話やコミュニケーションに関して論じる哲学者は、意外なことにあまりフィクションの例は取り上げず、自分たちの議論にちょうどいいオリジナルの例を挙げて議論をする傾向が強いように見えます（少なくとも分析哲学では）。でも、それってどうなんだろうと前から思っていました。

気になるのは、哲学者たちが想定する会話やコミュニケーションが、妙に偏って見えるということです。映画や演劇を見たり、漫画や小説を読んだりしたら、あなたたちの会話観では対処できなそうなやり取りはいっぱいあるのではないか、それなのになぜ自分たちのお気に入りの例で満足して、そうしたやり取りを真面目に取り上げようとしないのか。そう感じていました。もちろん、私の見ている哲学者の範囲が狭すぎるのかもしれませんが。

本書では、興味深い会話の例が見られるフィクション作品を次々と取り上げ、そのなかでどういったやり取りがなされているのか、登場人物たちは何をしているのか、といったことをコミュニケーションとマニピュレーションという観点から説明していきます。それを通じて、会話という営みの複雑さと面白さを描き出せたら、と思っています。

第一章では、コミュニケーションとマニピュレーションという概念について説明しています。全体の下準備となる章です。いずれの概念も私自身で定義したかたちで用いるので、以降の章の話がよくわからなくなったら、ここに戻ってもらうといいかもしれません。

第二章から第五章では、コミュニケーションを主に扱います。そのうち最初の三つの章では、よくあるコミュニケーション観ではうまく捉えられない奇妙なやり取りをたくさんのフィクション作品から紹介し、そこでいったい何が起きているのかを私の立場から解説しています。順番に述べると、第二章ではもうわかり切っていることをあえてコミュニケートするという例を扱い、第三章では間違っているとわかっていることをあえてコミュニケートするという例を扱い、第四章ではコミュニケーションにならないとわかっているからこそ、つまり伝わらないとわかっているからこそなされる発話を扱います。

第五章ではそれまでの章とは違い、コミュニケーションがすれ違った場合に話し手と聞き手のあいだでどういった交渉がなされるのかといったことをフィクションの例を手掛かりに論じ、そのなかでどのように暴力が起こりうるのかを述べています。いま現在の私の関心は特にこの第五章で語っているような事象にあるのですが、それはつまりほかの章で話していることに比べると現在進行形で考えている側面が強いということでもあって、この章の内容はいまの私の考えのスケッチのようなものになっているかと思います。

第六章と第七章では、会話においてなされつつあるコミュニケーションとは異なる営みとしてマニピュレーションに目を向け、いかにしてそれが会話のなかで展開されるのかを論じています。第六章は本心をコミュニケーションにおいては伝えず、マニピュレーションを介して知らせるという例を取り上げています。第七章では、マニピュレーションを介して話し手が聞き手を自分の望む方向へと誘導する例を論じています。

すでに述べたように、本書では理論的な話を紹介するのではなく、私の目にさまざまな会話がどのように映っているかを語っていきます。ただ、それだけだと私がやっているような研究のことを知りたいというひとには情報が足りないでしょうから、「おわりに」では理論的なバックグラウンドについても解説することにします。

この本があなたにとって、「会話」というありふれた現象をこれまでとは違った仕方で見るためのきっかけとなったら幸いです。

会話を哲学する／目次

<< 各章で取り上げた作品

●勝手にふるえてろ

● 同級生
● うる星やつら
● ウルトラスーパーデラックスマン

第四章　伝わらないからこそ言えること

- オリエント急行の殺人
- 金田一37歳の事件簿
- マトリックス
- クイーン舶来雑貨店のおやつ
- HER
- 背すじをピン！と～鹿高競技ダンス部へようこそ～
- しまなみ誰そ彼
- ロミオとジュリエット
- マカロンはマカロン
- めぞん一刻

- 魔女の猫探し
- 魔人探偵脳噛ネウロ
- 違国日記
- 君がいるだけで
- チェンジリング

第六章　本心を潜ませる　209

第七章　操るための言葉　253

● ONE PIECE
● パタリロ！
● 鋼の錬金術師
● ポケモン不思議のダンジョン救助隊DX

図版・目次・章扉デザイン　椚田祥仁

第一章 コミュニケーションとマニピュレーション

●勝手にふるえてろ

会話とはいかなる行為か

会話とはいったい何でしょう?

「会話」とひとことで言うと、さもそれが何かひとつの種類の動作であるかのように見えるかもしれません。まるで「歩行」とか「屈伸」とかと同じように、「会話」と呼ばれるものがあるのだ、というふうに。

でも、考えてみてください。「歩行とは何ですか?」と問われて思い浮かぶのは、誰かが足を交互に動かしながら移動しているさまでしょう。もちろんその「誰か」が誰であるのかに関してはあまり具体的に想像しないかもしれませんが、多くのひとにとっては、歩行という行為はけっこう具体的に頭に思い描けるものなのではないかと思います。屈伸もたぶん同様で、誰かが立った状態から両膝を曲げて屈みこんだり、再び立ち上がったりといった具体的な動作が思い浮かぶことでしょう。

けれど、「会話とは何ですか?」と訊かれた場合はどうでしょうか? ふたり、あるいはそれより多くのひとが向き合って何か言葉を発している様子といったところかと思います。

その言葉が音声言語である場合には、要するにそれは複数のひとが向かい合って声を出し合っている姿になるでしょう。手話である場合には、複数のひとが向かい合って手や顔を動かし合っている姿になるでしょう。

いずれにしても気になるのは、これは「歩行」や「屈伸」の場合ほど具体的な想像になっているのだろうか、という点です。

例えば、こんなことを考えてみましょう。二台のスピーカーが、それぞれ何かしらの日本語の音声を流した状態で向き合っている。これは「会話」とは呼ばれませんよね。なぜでしょうか？

スピーカーはひとの姿をしていないから？　では、そのスピーカーを内蔵した人型ロボットならどうでしょう？　それでも、あまり違いはなさそうです。では今度は、ちゃんと生きた人間と人間とが向かい合っているけれど、それぞれがただただ相手のことを無視して、まるでただのスピーカーのように自分の言いたいことを言っているだけの場合はどうでしょう？　なんだかこれも「会話」とは呼ばれなさそうに思えます。

「会話とは何ですか？」と訊かれて多くのひとがぱっと思いつくのは、ひととひととが向き合って何か言葉を発している様子だと思われるのですが、けれどどうも会話というものは歩行や屈伸と違って、ひととひととが向き合って言葉を発し合っているという表面的な動作では尽くされないような何かであるようです。

言葉を通じた影響の与え合い

では、会話とはいったい何なのでしょうか？

最終的な答えは私にもまだわからないのですが、少なくとも会話に参加するひとたちは、単に言葉を発するだけでなく、それを通じて相互に影響を与え合っている、というあたりにポイントがありそうです。

ただAさんがBさんのことを気に留める様子もなく今朝聞いた天気予報の内容を繰り返し、BさんはBさんでAさんのことを気に留めることなく自分のお気に入りの映画のことを話し続けるというのでは、会話になりません。けれど、Aさんが今朝聞いた天気予報を思い出しながら、これから出かけようとするBさんに注意を促すために「夕方から雨になるらしいよ」などと言い、Bさんがそれを聞いて傘を手に取ったり、あるいは「きょうは昼には帰るから大丈夫」と答えたりしたならば、それは会話と言えるはずです。

影響を与えることができるというのは、裏を返せば言葉を受け取った相手がきちんと反応することができる、ということでもあります。

Aさんがいくら「夕方から雨になる」と言ったとしても、Bさんがそれに対して行動においても言葉においても何の反応もしないようなら、AさんがBさんに影響を与えているとは言えません。スピーカーが向かい合っているだけでは、このように相手の言葉にきちんと反応をしたり、相手がそうした反応をしてくれるという前提のもとで言葉を発し、それによって相手に影響を与えたりといった相互交流は起こりません。どうも、このあたりが会話という営みの特徴らしいと考えられます。

会話とは、言葉を発することによって互いに影響を与える営みである、とひとまずは言えそうです。ただ、ひょっとしたら「言葉を」という限定は緩めてもよいかもしれません。

先ほどのAさんとBさんに再び登場してもらいましょう。状況は同じで、天気予報によれば夕方から雨が降ることになっていて、Bさんはそれを知らずに出かけようとしています。AさんはBさんに〈夕方から雨になる〉と伝えたいのですが、自分も出かける準備を慌ててしているところだったために、Aさんの口には無理やり詰め込んだ食パンがまだ飲み込まれずに残っているとしましょう。

Aさんは音声言語を使うひとで、口に食べ物が詰め込まれた状態で言葉を発することはできません。そこで、Aさんは窓の外を指差したあと、続けて夕焼けを描いたカレンダーのイラストを指差し、さらに傘を差すジェスチャーをしたとします。これでも、うまくジェスチャーが伝わりさえすれば、「夕方から雨になるらしいよ」という言葉を発すのと大きくは変わらない仕方でBさんに影響を与えることができるのではないでしょうか？だとすると、「言葉を発する」という定義については、「何かしらの行為をする」というくらいでもよさそうです。とはいえ、この本では言葉を使ったやり取りを中心に取り上げるので、この点についてはこの程度にしておきましょう。

さて、会話とは言葉を発することで（あるいは何かしらの行為をすることで）互いに影響を与える営みであるとして、では会話において互いに影響を与えるというのは、いったいどのようにして起きているのでしょうか？

これに関してはいろいろな経路が考えられるでしょうし、私も網羅《もうら》的に理解できているわけではありません。けれど、本書ではとりあえず、少なくとも二通りのやりかたでそうした影響は生じていると考えることにします。コミュニケーションとマニピュレーションです。

具体的な例を出してみましょう。哲学では論じたいポイントだけを押さえた人工的な例をつくってそれをもとに議論をすることが多いのですが、この本では基本的に小説や漫画などのさまざまなフィクションで実際に登場する場面を例として挙げ、そのなかでどのようにして人々が会話を展開しているのかを考えていきます。

まずは、小説家の綿矢《わたや》りささんの代表作のひとつである『勝手にふるえてろ』（文春文庫）を見てみることにしましょう。

会話でつくられる約束事

『勝手にふるえてろ』は、二十六歳の女性ヨシカが主人公の物語です。ヨシカは中学時代にろくに会話も交わしたことのない同級生、一宮（イチ）に片想いをし、それからいまに至るまでずっとその気持ちを胸に抱き続け、そのままほかに恋愛を経験することなく過ごしてきました。

そんなヨシカの前に、ヨシカを熱烈に求める別の男性が現れます。けれどヨシカから「二」と呼ばれるこの男性は、素敵さにおいてはイチと比べるべくもなく、なんだかかやけに空気が読めないいし、会話も絶妙にヨシカを苛立《いらだ》たせるようなひとで、ヨシカは理想的だけれど手が届かないイチと、いろいろとダメだけれど自分を求めてくるニとのあいだで揺れ動くことになり、それがこの小説の主軸となっていきます。

さて、ここからこの小説で出てくる会話を取り上げていくのですが、ひとつ注意を。

フィクション作品を題材にするという性質上、この本ではたくさんのネタバレをすることになると思います。それがミステリなどの場合には、さすがに改めて「ここから先で重大なネタバレがあるので、気になるひとはここでいったん中断して、作品を見てみてね」といったことを書くようにするつもりですが、毎回注意書きがあるとそれはそれで邪魔くさいでしょうから、そうした事情がない限りはいちいち「ネタバレ注意」とは書きません。

ただ、いまもしたように、作品を取り上げる都度、その作品のあらすじなどをまとめるようにしますので、それが目に入ったら「ここから先で具体的な場面が紹介されるのだな」と察して、ネタバレが気になるかたは該当作品を先に読んだり見たりしておいていただけたら、と思います。ネタバレが大丈夫というかたは、この注意書きについてはお気になさらず！

（ちなみに私は大丈夫なタイプだったりします）

そういうわけで、具体的なシーンを取り上げていきましょう。

次に挙げるのは、ヨシカが同僚の来留美《くるみ》と恋愛話をする、ごくごくありふれた会話の場面です。来留美はヨシカのイチへの片想いについても、ヨシカがこれまで恋愛経験がないということも知っている、ヨシカにとっては数少ない友人です。この場面では、ニに告白されたヨシカが、いったいどうしたらいいかと来留美に相談しています。


「いいと思うけどな、付き合っちゃえば。あの人よく働くし、誠実そうだし。なにより
ヨシカのことがすごく好きなところがいいじゃない」

お弁当を食べ終わった来留美は休憩室の畳のうえで正座をくずしながら言った。［…］

「うん、いい人なんだけどね。でもやっぱり結婚は一番好きな人としたいから」

私の言葉に来留美が苦笑する。

「イチくんだっけ。話したこともないんでしょ、本当に思っている通りの人なの」

「うん、それには自信があるんだ。中学のときにほんとよく観察してたから」

「大人になってから変わったかも」

「変わっただろうね。でも根っこは同じままだと思う。このまえ同窓会で会ったとき、
笑顔は明るいのに人と距離を置くところが、中学のころのままだった」

「でもそのイチくんにしても、片思いの相手にまた会えたってだけで付き合ってさえい

ないんだから、結婚まで考えるのはまだ気が早いんじゃない」
「そうだけど、やっぱりこの年から付き合うんだったら、彼氏彼女になるだけじゃ満足できないし」

（綿矢りさ『勝手にふるえてろ』）

よくありそうな、普通の会話ですよね。でもじっくりと、この場面でふたりが何をしているのかを見てみましょう。

この会話を眺めていると、ふたりはそれまでにすでに言われたことを前提として、次の発言をするようになっていて、それを繰り返して会話を進めているということがわかります。

例えば冒頭で来留美が「いいと思うけどな」と言っていますが、それ以降の会話は、〈来留美はヨシカがニと交際するのをよいことだと思っている〉というのが前提とされて進んでいます。何を当たり前なことを、と思うかもしれませんが、しかしこの当たり前の現象をきちんと認識し、言語化するというのが意外と大事で、哲学的な思考への入り口になったりします。

すでに言われていることを前提とするとは、言い換えると〈来留美はヨシカがニと交際するのをよいことだと思っている〉というのをヨシカと来留美のあいだでの約束事として、以後はこの約束事に従うことにしている、ということです。

もちろん、仮にヨシカが即座に「いや、本当はぜんぜんそんなこと考えてないでしょ?」などと言い返して、この約束事に従いたくないという意思表示をすることもできます。でもそうしないでそのまま話を続けたならば、以後の会話ではこの約束事が効力を発揮することになります。

約束事が効力を発揮するとはどういうことかというと、いちどこうした約束事が結ばれてしまうと、会話をしているひとたちのあいだでそれについて知らないふりをすることはできない、ということです。

仮に「うん、いい人なんだけどね。でもやっぱり結婚は一番好きな人としたいから」とヨシカが言ったところ、来留美が「そっか。まああんなダメなひとと付き合わないほうがいいよ」と返したとしたらどうでしょう?　とてもとんちんかんな会話になっていると感じるひとが多いのではないでしょうか?　「結局、あなたはヨシカと二の交際をよいことだと思っているの、思っていないの?」と訊きたくなるところですよね。

約束事の形成としてのコミュニケーション

重要なのは、こうした約束事のなかで語られている〈来留美はこう思っている〉というのは、必ずしも来留美が本当に思っていることである必要はない、ということです。ひょっとしたら来留美はただ面白がっているだけで、ヨシカとニが交際することについて本当にはよいともよくないとも思っていないかもしれません。あるいは来留美が大変に意地悪なひとであったとしたら、ニとの交際がヨシカにとっては苦労ばかりが増えるばかりでよろしくないものとなると予感しつつ、「いいと思うけどな」と言ったのかもしれません。

でも、心のうちで実際にどのように思っているかというのは、会話のうちでの約束事には関係してきません。心のうちがどうあれ、「いいと思うけどな」とこの状況で言い、ヨシカがそれを素直に受け止めたなら、〈来留美はヨシカがニと交際するのをよいことだと思っている〉という約束事が形成され、会話はこの約束事に従って進展することになります。

これはしかも、来留美が本当にはそんなことを思ってなどいないとヨシカが気づいていたとしても変わりません。もちろん、先ほども述べたように、ヨシカが直後に反論して、〈来留美はヨシカが二と交際するのをよいことだと思っている〉という約束事への参加を拒否することはあります。でも、「本当はそんなこと思っていないとわかっているけれど、わざわざそれを言い立てる必要もないだろう」と流したならば、その会話のなかでは〈来留美はヨシカが二と交際するのをよいことだと思っている〉という約束事が効力を持つことになります。

話し手としても本心ではないし、周りもそれを承知のうえで、それでもその場では「話し手はこう考えている」という約束事をして話を進めることにする。そういうことって、日常的にもよくありますよね。長引いた会議を終わらせるために、そのひとの思想信条からしたら明らかに賛成していないはずの意見への賛意を述べるひとの言葉などは、こんなふうに理解されているはずです。

私が本書で「コミュニケーション」と呼ぶのは、会話においてこのように約束事を形成する側面のことです。コミュニケーションは、会話のなかで文脈が形成され、だんだんとやり取りが蓄積されていくという面を理解するのに非常に重要です。

まず「いいと思うけどな、付き合っちゃえば。あの人よく働くし、誠実そうだし。なによりヨシカのことがすごく好きなところがいいじゃない」と言ったときに、ふたりは〈来留美はヨシカがニと交際するのをよいことだと思っている〉という約束事を生み出したとしましょう。その後にヨシカは、「うん、いい人なんだけどね。でもやっぱり結婚は一番好きな人としたいから」と発言します。この発言の意味を、私たちはどのように理解するでしょうか？

言葉そのものにおいては語られていない、いろいろなことが読み取れるかと思います。そのなかには、〈ヨシカはニとの交際に乗り気でない〉〈ニはヨシカのいちばん好きなひとではない〉といった内容が含まれるでしょう。

でも、私たちはどうやってそんな情報を読み取っているのでしょうか？　ヨシカの発言に含まれる単語を辞書で引いたりしても、こういう情報は出てこないですよね。でも私たちは、この流れでこういう発言を見ると、自然とこのように解釈します。

そのひとつの理由が、〈来留美はヨシカがニと交際するのをよいことだと思っている〉という約束事がすでにふたりのあいだに存在している、ということなのです。すでにこうした約束事があったうえで「でも」と発言するからこそ、ヨシカは来留美が思っている（とされている）ことに反対しようとしているということを私たちは理解でき、その結果として、〈ヨシカはヨシカがニと交際するのはよいことではないと思っている〉、つまり交際に乗り気でないという内容を理解できるわけです。そしてその理由として挙がっているのが「結婚は一番好きな人としたい」であるということから、ニがヨシカのいちばん好きなひとでないということが読み取れるようになっています。

ヨシカの発言からこうした内容が読み取られ、来留美がそれを約束事とするのに特に反対しなかったならば、今度は〈ヨシカはヨシカがニと交際するのはよいことではないと思っている〉や〈ヨシカはニがヨシカのいちばん好きなひとではないと思っている〉といった約束事がふたりのあいだで形成されます。この際、それ以前にあった〈来留美はヨシカがニと交際するのをよいことだと思っている〉という約束事は保存されます。

こうして、だんだんと約束事が増えていき、後続する会話は、すでにある約束事に照らして理解されるようになっていきます。「文脈」とか「会話の前提」などと呼ばれるものは、このようにしてつくられていくと考えられます。

試しに気が向いたかたは練習だと思って、「イチくんだっけ」以降の発言で、どういった約束事がつくられ、それ以降の発言の理解にどのように影響しているかを検討してみてください。普段の会話でなされていることを言葉で説明するという感覚が、ちょっとピンと来やすくなるかもしれません。

心理や行動の操作としてのマニピュレーション

さて、こんなふうにふたりは次々と新しい約束事をつくりながら会話をしているわけですが、しかしそれだけしかしていないというわけではありません。この会話を通じて来留美はヨシカにイチのことを諦めさせてニと交際させようとしているように見えますし、ヨシカはヨシカで来留美に、自分が交際するならイチ以外ありえないということをわかってもらおうとしているように見えます。つまり、互いに相手の心理や行動を、自分の望む方向へと変化させようとしているわけです。

会話におけるこうした側面を、私は「マニピュレーション」と呼んでいます。「マニピュレーション」というのは英語で書くとmanipulationですが、「何かを操作すること」といった意味合いを持っています。会話を通じてひとは誰かの心理や行動を操作しようとすることがしばしばありますが、それを「マニピュレーション」と称しているわけです。

注意してほしいのは、マニピュレーションというのは必ずしも悪意を持って相手を意のままに操ろうというものばかりではないということです。とにかく相手の心理や行動に影響を与えようと目指して何かを発言しているならば、マニピュレーションが働いていると考えることにします。

例えば先ほどの来留美は、「いいと思うけどな、付き合っちゃえば。あの人よく働くし、誠実そうだし。なによりヨシカのことがすごく好きなところがいいじゃない」と言うことによってヨシカに〈ニと交際するのはよいことだ〉と思わせようとしていると考えられます。このように、相手に何かを思わせるというのもマニピュレーションに当たります。この場合、来留美はまさに自分がコミュニケーションしている通りのことをヨシカに信じさせようとしているのだから、その点では取り立てて裏表のない発言をしていることになります。

コミュニケーションとマニピュレーションを区別するというのは、なかなかニュアンスが掴みにくいかもしれませんが、それらがずれる状況を考えると区別の必要性が納得いただけるかと思います。例えば仮にヨシカが来留美の判断を非常に疑っていて、〈来留美が言うのと逆のことをしたらたいていうまくいく〉と思っており、来留美は来留美でヨシカがそんなふうに思っていることを承知していたとしましょう。

その状態で、もし来留美がヨシカをニから遠ざけたくて「いいと思うけどな、付き合っちゃえば。あの人よく働くし、誠実そうだし。なによりヨシカのことがすごく好きなところがいいじゃない」と言ったとします。この場合でも、コミュニケーションとしては〈来留美はヨシカがニと交際するのがよいことだと思っている〉という約束事が形成されるでしょう。でも、マニピュレーションとしては来留美はヨシカにまったく正反対の操作を加えようとしていることになります。つまり、ニと交際するのはまずいと思わせようとしているのですね。

要するに、コミュニケーションは「この会話のなかではこういうことにしておきましょう」という側面を指します。マニピュレーションは、コミュニケーションを通じて相手に影響を与えようとすることを指します。

何か発言をしておきながらそれと正反対の影響を与えようとしている場合だとか、そもそも相手に影響を与える気が何もなく、ただ漠然《ばくぜん》と発言をするような場合があることを考えると、これらはきちんと区別しておくべきだと考えられます。

コミュニケーションとマニピュレーションの関係

コミュニケーションとマニピュレーションの関係はかなり複雑で、いろいろなパターンがあります。

素直に会話をしているだけのたいていの場合は、私たちはコミュニケーションによって生まれる約束事にぴったりと対応したマニピュレーションを目指しているでしょう。来留美が「いいと思うけどな」と言って、〈来留美はヨシカがニと交際するのをよいことだと思っている〉という約束事をヨシカとのあいだで形成し、それによってヨシカが頭のなかで「来留美がわざわざこんな約束事をあえて持ちかけるからには、来留美は本当にニとの交際が私にとってよいものだと思っているのだろう。来留美がそんなふうに思ったということは、きっと本当にニとの交際は私にとってよいものなのだろう」などと考えて（もちろん必ずこの言葉通りの思考をするわけではありませんが）、ヨシカ自身が〈ニとの交際はよいことだ〉と思うようになることを狙っていたとしたら、コミュニケーションとマニピュレーションはぴったり対応していると言えそうです。

そして先ほど、コミュニケーションとマニピュレーションがちょうど逆になる場合についても話しました。またそれとは別に、聞き手に特に何か影響を与えるつもりはなく淡々と語っているような場合には、マニピュレーションなしのコミュニケーションもできそうですよね。

こう考えていくと、コミュニケーションがなされたとき、マニピュレーションはコミュニケーションとぴったり対応するものである場合と、逆のものとなっている場合があり、それに加えてマニピュレーションが介在しない場合もある、ということになります。ほかにも可能性はあるでしょうか?

『勝手にふるえてろ』終盤での、ヨシカとニの会話が参考になるかもしれません。

ヨシカはだんだんとニとの関係を深めていくのですが、それでもニとの真剣な交際に踏み切ることができずにいました。そんななか、〈ヨシカには恋愛経験も性的な経験もまったくない〉という、ヨシカとしては秘密にしておきたかったことが、来留美からニにばらされているということを知ってしまいます。ショックを受けたヨシカはニに自分がずっとイチに想いを寄せているということを打ち明けて、ニから距離を取ったうえで、衝動的に上司に「妊娠した」と嘘をついて産休を取り、自室に閉じこもってしまいます。

そんななかヨシカはニを呼び出すのですが、次の会話はこうした経緯で交わされたものです。

「私のこと、処女だから好きになったんでしょ」

私の低く押し殺した声に初めは意味がわからないといった顔をしていたニだけれど、

意味を理解したとたんいままでの熱い怒りではなくひやりとした怒りに切りかわった。さっきまでよりも、いまの目つきの方が数段もつめたく静かだ。

「おれ怒らせるために呼んだなら、いますぐ出て行く。怒らせるために見当違いなことを言ってるなら」

「怒らせるためじゃない。本気で思ったから言ったよ」

「帰る」

「でもこういうときこそ私を知れるチャンスだと思わないの、本当の私を」

帰ってほしくないと素直に言えなくて、それでも私は、ドアノブに手をかけるニの背中に必死で話しかけた。

（同前）


最後のヨシカの台詞と心理描写に注目してください。

コミュニケーションという面で見るとき、ヨシカの発話によってつくられることになりそうな約束事というのは、〈ヨシカはいまこそニがヨシカのことを知るチャンスだと思っている〉といったことでしょう。ニはこの約束事を受け入れてもいいし、反論することもできます。

ただ、仮にニが「それは確かにそうだ。でももうヨシカのことを知りたいなんて思えない」などと言って立ち去ったとしたらどうでしょう？　コミュニケーションは成り立っているのですが、これはヨシカが望んだ結果ではありませんよね。

ヨシカとしては、このコミュニケーションを介して、ニに〈ヨシカのことを知るためにこの場に留《とど》まらないとならない〉と思わせようとしていたわけです。それを、はっきりと言えない、つまりコミュニケーションのレベルで持ち出すことはできないけれど、ただそれでも、ヨシカはニをこの場に留まらせるような仕方で、マニピュレーションをしようとしているわけです。

いまの例では、ヨシカからニへのコミュニケーションは〈ヨシカはいまこそニがヨシカのことを知るチャンスだと思っている〉といった内容に関わりますが、ヨシカによるニへのマニピュレーションは、〈ニがその場に留まることを選ぶ〉というような内容で記述されるものとなっています。

コミュニケーションとマニピュレーションは区別されていなかった

このふたつの内容は、ぴったり対応してもいなければ、真逆でもありません。こうした例を考えると、コミュニケーションとマニピュレーションの関係は簡単にはまとめられないものとなっていることがわかります。

ただ、少し抽象度を上げるなら、コミュニケーションとマニピュレーションの関係をうまく捉えることもできるかもしれません。

例えば、「マニピュレーションとは、話し手がコミュニケーションをおこなうことによって、聞き手に何らかの影響を与えようとする行為である」とでもすれば、これまで見てきた例のいずれにも当てはまりそうです。言い換えると、「マニピュレーションとは、コミュニケーションを媒介にすることで話し手から聞き手になされる行為である」とでもいえることになります。

哲学研究の話をすると、実はこのようにコミュニケーションとマニピュレーションを分けるという発想は、そこまで一般的なものではありません。私が研究において主に参照しているのは二十世紀以降の英語圏の哲学で登場した概念や理論なのですが、この領域ではイギリスの哲学者であるポール・グライスが会話に関する重要で哲学的な議論をおこなっていて、いまでも会話に関して哲学的に論じるなら、まずはグライスを参照しないとならないというくらいには大きな影響力を持っています。関連する文献は、清塚邦彦《きよづかくにひこ》訳『論理と会話』（勁草書房、一九九八年）に収められています。

そのグライスは、コミュニケーションをいわば一種のマニピュレーションだと捉えていました。どういうことかというと、コミュニケーションを、何らかの発言や身振りをすることで、聞き手の心理や行為に影響を与えようとする行為として理解していたのです。

具体的には、コミュニケーションとは、聞き手に何かを信じさせようと意図して発話をおこなう行為だと考えたうえで、これだけではコミュニケーションの分析としては不十分なので、これにさらに「こんな意図も持っていなければコミュニケーションにはならない」「あんな意図も持っていなければコミュニケーションにはならない」といろいろと条件を付け足していくことで、グライスはコミュニケーションというものを理解しようとしていました。

ここでは詳細を述べませんが、私はグライスのこの方針は、コミュニケーションを理解するにはまるで適していないものだったと考えています。コミュニケーションはそれによって約束事を積み重ねていく行為だと述べましたが、挙がっている例などを見る限り、グライスもどうもコミュニケーションを約束事の積み重ねのように見ること自体には同意しているように思えます。

けれど、約束事というものを、話し手が約束を交わすときにどんな意図を持っていたかによって分析するというのは、無茶に思えないでしょうか？　まさかそんな約束をすることになるなんて思いもしないで約束事を交わすといったことが日常には溢れています。十分な説明を受けないで交わした契約などは、こうした点でトラブルになったりしますよね。

一般的に言って、約束事というのはひととひととのあいだのことであって、これはどうしたって、私ひとりの意図でどうこうできないような次元を含むものとなります。コミュニケーションにおける約束事もそうで、これはあくまで話し手と聞き手がふたり（かそれ以上）で交わすものなのに、そうした約束事を「話し手はどういう意図を持っていたか」という観点だけで理解しようというのは、あまりうまいやりかたではないように思います。

そんなわけで、私としては会話を通じて構築されていく話し手と聞き手のあいだの約束事という側面に関わるコミュニケーションと、コミュニケーションを通じて話し手が聞き手に対しておこなおうと意図していることというマニピュレーションとを、しっかり区別して考えていこうと思っています。

企みのある会話が愛おしい

日常の会話のなかで、私たちは巧みにコミュニケーションをおこない、それによってさまざまなマニピュレーションを成功させようとしています。ただ淡々と事実を語っているように見せかけて自分の有能さを相手に印象づけようとしたり、はっきりとしたコミュニケーションにはならないように注意しながらひっそりと相手の心理を誘導したり、あるいはあえて必要以上にきちんとコミュニケーションをすることで自分は誠実な人柄なのだと相手に思ってもらおうとしたり。

たぶんこの本を読んでくださっているあなたも、これまでに自分がしてきた会話を振り返ってみたら、思い当たることがいろいろとあると思います。私も、ひととしゃべるときには単にコミュニケーションを取るだけでなく、どうすればよい印象で見てもらえるかを考えたり、あるいはいやな発言をするひとに出くわしたときなどに、コミュニケーション上でははっきりとは相手を非難しないようにしつつ、それとなく話を逸《そ》らそうとしたりすることもあります。

会話のなかでのこうした企みは、何かしら不誠実なものだと思われることも多いように思います。そして、本書でものちに取り上げるように、本当に不誠実な場合もあるのでしょう。ただ、基本的な姿勢としては、私はこんなふうに互いに工夫を凝《こ》らして会話のなかで試行錯誤する人々の姿を愛おしく思っていて、そうした人々が織りなす会話という営みそのものが、その企みゆえに多様な面を持った魅力的な現象であるとも思っています。

実際のところ、小説や漫画、映画といったフィクション作品に、コミュニケーションとぴったり対応するようなマニピュレーションしかしようとしないような「誠実」なひとしか登場しないとしたらどうでしょうか？　心理的な駆け引きも何もない作品は、たまにならそれはそれで面白いかもしれませんが、誠実さばかりだと飽きてしまいそうです。

現実のフィクション作品には、むしろときに不誠実とも言えるような企みを秘めて会話をする人々がたくさん登場していて、そうした人々がなぜそのような企みを持っているのか、その企みをどのようにして実現しようとしているのかといったところにこそ、そのひとの人間的な魅力が発揮されることが多いように思います。

本書は、会話という現象の魅力を、フィクション作品を題材にしてお伝えすることを目指しています。取り上げる作品は、いずれも私のお気に入りの作品ばかりです。そうした作品を通じて会話という現象の面白さに分け入ってもらうもよし、逆に会話という現象を手掛かりにして面白そうなフィクション作品を見つけてもらってもよし、といった気持ちで語っていくつもりです。

ところで、本章で取り上げた『勝手にふるえてろ』は、これ自体が会話をテーマにした作品となっているようにも見えます。

ニはヨシカと親しく話すようになって間もないころに唐突に「いや、ほれた者負けだな、と思って」などと言い出し、「おれは嘘つくのがきらいだから正直に言うけど、江藤さんがおれのことどう思ってるかだいたい分かるんだ。付き合うほどは好きになれないって思ってるんだろ。それならいっそもう、早く教えてほしい。これがおれの正直な気持ち」とせいいっぱいかっこよく見せようとしたようなことを言うものの、結果的にヨシカにはむしろ魅力がないと判断されてしまったりします。マニピュレーションという面で言うと、ニはこれが非常に下手なのですね。だいたい裏目に出てしまう。

でもヨシカは逆に、相手に合わせすぎて本当にしたいコミュニケーションを取れず、先ほど引用した言い合いの場面の直前では「いままで私は言いたいことも言わずにニに合わせてきたのに、どうしてニはこんなときでさえ私に合わせてくれないの」と胸のうちで悔しがったりしています。

結果的にこのふたりは、ヨシカの意に沿わないコミュニケーションを続け、だからこそニのマニピュレーションは延々と空回りし続けることになってしまっているのですね。そんなふたりが、物語の最後にはいったいどのようになるのか、そこでヨシカは本当に自分自身をさらけ出す会話をすることができるのか、そしてニはそれにきちんと応じることができるのか、読んだことのないかたは、ぜひご自分で結末を確認してみてください。

この小説は二〇一七年に大九《おおく》明子《あきこ》監督によって映画化もされていて、そちらもお勧めです。

第二章　わかり切ったことをそれでも言う

- 同級生
- うる星やつら
- ウルトラスーパーデラックスマン

バケツリレー式コミュニケーション観

さて、いよいよ興味深いコミュニケーションの例を具体的に取り上げて考えていくことにしましょう。

ところで、そもそもの話なのですが、コミュニケーションというものに対する私の説明は、普通に考える「コミュニケーション」とは少し違う気がしませんでしたか？

私はコミュニケーションを「それによって話し手と聞き手のあいだで約束事をつくりあげていくもの」というように語っていました。具体的には、話し手が例えば「雨が降りそうだよ」と言うことで〈聞き手が出かけるのはやめたほうがいい〉と伝えたとして、聞き手がそれをきちんと受け取ったとすると、話し手と聞き手は〈話し手は聞き手が出かけるのはやめたほうがいいと思っているということを、この場での約束事にしよう〉というかたちで約束事をつくりあげていくとしていました。

でも、「コミュニケーション」と言われて多くのひとが考えるのは、こういうものではないのではないかと思います。むしろ、話し手が何か頭のなかに考えを持っていて、それを言葉にして伝達し、聞き手はその言葉を受け取って、話し手が考えていたことをその言葉から読み取る、というような見方が一般的ではないかと思います。話し手が発言というバケツのなかに自分の考えを放り込んで聞き手に渡し、聞き手はそのバケツのなかから話し手の考えを取り出す、みたいなコミュニケーション観ですね。

なぜこうしたよくあるバケツリレー式コミュニケーション観ではなく、約束事の積み重ね

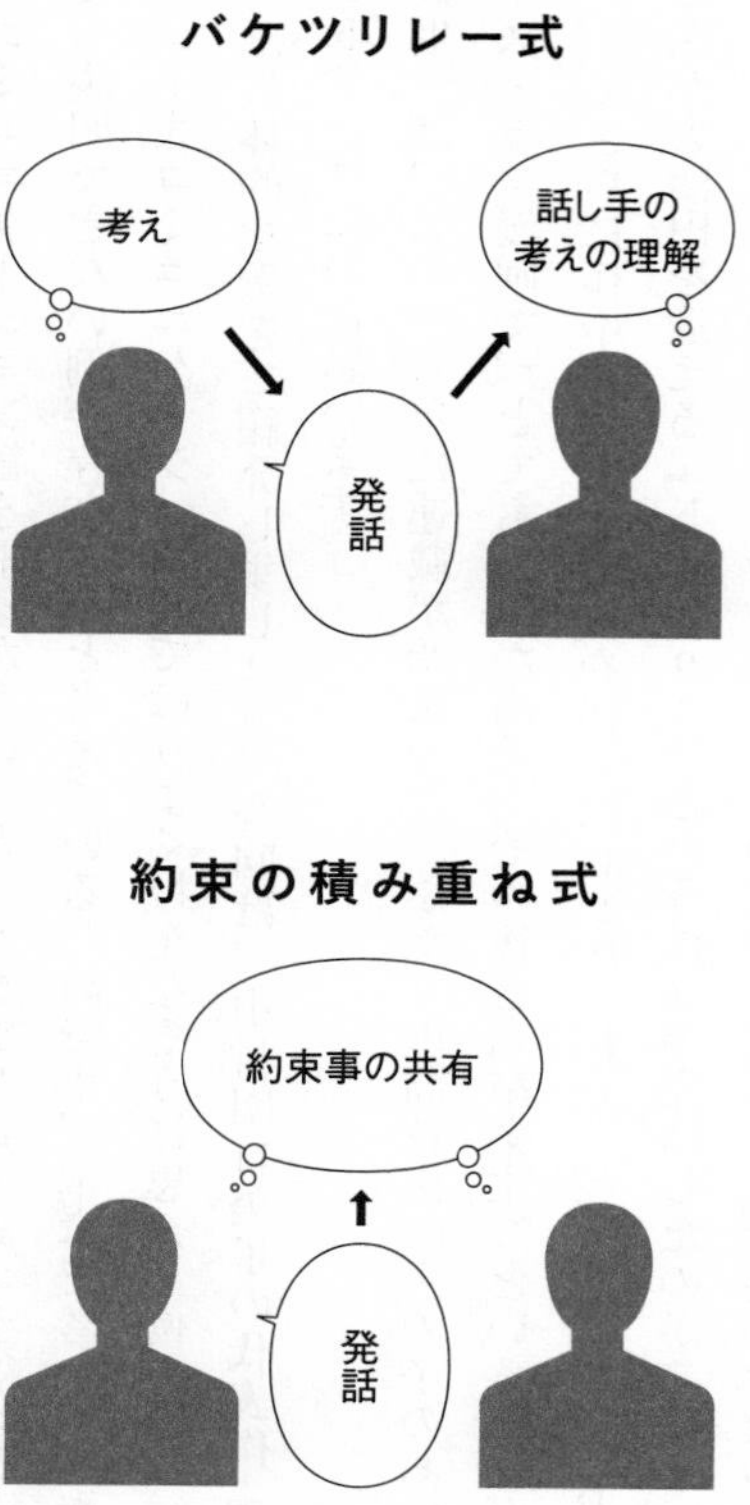

図　ふたつのコミュニケーション観

というコミュニケーション観を取るかというと、バケツリレー式コミュニケーション観ではどうにも説明できない例が存在すると考えているためです。本章で考えていきたいのも、バケツリレー式コミュニケーション観ではうまく扱えなそうに思える例のひとつです。

まずは具体的な例をご紹介しましょう。今回は、中村明日美子《なかむらあすみこ》の代表作『同級生』（茜新社）を取り上げたいと思います。

『同級生』は、二〇〇六年に連載が始まった、ふたりの高校生の男の子のあいだの恋を描くボーイズ・ラブ漫画で、とても人気が高く、その後も『卒業生』という続編が描かれています。そしてさらに作中人物のその後を描くスピンオフ作品『空と原』『O.B.』を経て、ふたりの恋が大団円を迎える『ｂｌａｎｃ《ブラン》』という作品が完結したのが二〇二〇年のことで、かなり息の長いシリーズになっています。しかも厳密にはそれで終わったわけではなく、この原稿を書いている時点でも主人公のふたりが一緒に暮らしだしてからの生活を切り取る『ふたりぐらし』という作品が連載されています。

『同級生』の舞台となっているのは、とある男子校です。合唱祭が近々開かれることになり、生徒たちはその練習をさせられています。そんななか、主人公のひとりである草壁光《くさかべひかる》は、クラスメイトで優等生の佐条利人《さじょうりひと》が、練習中に発声をせず口パクで済ませていることに気づきます。初めは単にやる気がないだけかと思っていたのですが、実はそんな佐条くんが放課後にこっそりひとりで歌の練習をしていることを偶然知ってしまい、歌が得意な草壁くんは練習に付き合ってあげることにします。

これがきっかけでふたりはだんだんと惹かれ合うことになるのですが、もとから男性のみを恋愛対象としている佐条くんと男性に恋をしたのが初めての草壁くんとの微妙な気持ちの行き違いなども語りつつ、『同級生』はふたりの恋を爽やかに美しく描いていきます。

ここで注目したいのは、その第一話の終盤で交わされる草壁くんと佐条くんの会話です。まず、取り上げたい場面の直前の場面から紹介していきましょう。手書き文字で小さく書かれている台詞は〔　〕で書くことにします。

草壁　早く戻れって　ハラセン心配すんぞ
佐条　…なんで原先生が出てくるんだ
草壁　だ　だって俺　お前のこと好きになっちゃったみたいなかんじなんだもん
佐条　〔「だって」…?〕
草壁　でもお前はアレだろ　この歌とかハラセンのためにがんばったっていうか

佐条　草壁

草壁　（あ────　あー　とまらん）俺なんか敵に塩送るみたいな　なんかもー馬鹿みてえじゃないの

佐条　草壁

草壁　てゆうか　あーもぅ　いやもぅ　（最悪……）なんでもないもぅ　あ────……いい　いいです　いい

佐条　草壁

草壁　い…

佐条　きいて

草壁　お……〔おう〕（手　つめたい）

佐条　だ…れも……原先生のためにがんばったなんて言ってないだろ

草壁　ん!?

佐条　いや　だから先生のためとか…　とか……　…じゃ　なくて　お前と……　ぅうたったりするのが……

（中村明日美子『同級生』）

中村明日美子『同級生』/茜新社

中村明日美子『同級生』/茜新社

少し補足が必要ですね。「ハラセン」と呼ばれたり、「原先生」と呼ばれたりしているのは、ふたりの通う高校で音楽を教えている原学《はらまなぶ》という教師です。原先生はゲイで、そして佐条くんがゲイであることも理解しています。この段階ではまだ語られていないのですが、佐条くんが入学して間もないころに、駅で倒れてしまった佐条くんを原先生が迎えに行き、介抱したのがきっかけで、ふたりは少し親しい関係にあります。

合唱の練習中、佐条くんはそんな原先生を意味あり気に見つめていました。草壁くんはその視線に気づき、佐条くんが練習をがんばるのは原先生のためであると早合点してしまいます。いま挙げた場面では、草壁くんがそうした嫉妬《しっと》心を佐条くんにぶつけ、そして佐条くんは草壁くんの誤解を解き、自分が草壁くんに抱いている気持ちを打ち明けようとしているわけです（といった流れをいちいち説明するのも無粋な気がするのですが、これから先の話に必要なのでご容赦を）。

ここで確認しておいてほしいのは、ふたりの会話のこの時点において、草壁くんから佐条くんへの恋心も、佐条くんから草壁くんへの恋心も、もはや互いの知るところとなったはずだということです。

まず、草壁くんのほうはもうはっきりと言っていますよね。いや、「はっきり」というには、「好きになっちゃったみたいなかんじなんだもん」はずいぶんと弱々しい表現ではありますが、何にせよ、好きだという気持ちは語られていて、佐条くんにも理解されているはずです。

佐条くんから草壁くんへの気持ちはどうかというと、自分が練習をがんばっていたのは原先生のためではないと伝え、「お前と……　う　うたったりするのが……」と続けた時点で、もう明らかですよね。実際、漫画のほうではこのあとに草壁くんの見開いた眼とほのかに赤らんだ頬《ほお》がアップで描かれ、草壁くんが佐条くんの気持ちを理解したことが暗示されていて、直後に佐条くんは佐条くんで顔を真っ赤にしてうつむいて、自分の気持ちが草壁くんに伝わったと理解している様子を見せています。

草壁くんはなぜ続きを言わせたがるのか？

でも、この章で問題にしたいのは、この場面そのものではありません。これに続くやり取りに注目したいと思います。直後の会話はこう続きます。

草壁　するのが…？
佐条　い　いや　やっぱいい
草壁　エ――　その先が…〔重要なんでないですか〕
佐条　い　いやいや

（同前）

これはとても気になるやり取りです。どこがかというと、草壁くんが佐条くんに続きを言わせたがっているというところが、たいへん気になるのです。いったい草壁くんは、何をしようとしているのでしょうか？

先ほどご紹介した、一般的なバケツリレー式のコミュニケーション観では、草壁くんの行動はあまり合理的な意味のないものと見なされそうだ、という点に注意してください。どういうことか説明してみましょう。

バケツリレー式コミュニケーション観では、話し手のほうに何か伝えるべきものがあり、それを言葉というバケツに放り込んで、そのバケツを聞き手に受け渡すことになります。聞き手はその中身を取り出して、話し手が伝えたがっていたことを知るわけです。これは、コ

中村明日美子『同級生』/茜新社

ミュニケーションを一種の情報伝達として捉える見方とも言えます。話し手には何か聞き手にはない情報がある。だから話し手はそれを言葉に込めて、その言葉を受け取った聞き手に伝えようとしている、というように。

でも、情報伝達って、基本的に相手がその情報を持っていないと思っているときにしか、しないことですよね。もうすでに相手も知っているとわかっていることを、わざわざ伝える理由はないわけです。

先ほどの草壁くんと佐条くんのやり取りの何がバケツリレー式コミュニケーション観にとって問題になるかというと、佐条くんに改めて言わせるまでもなく、佐条くんの気持ちはもう草壁くんに伝わっているという点です。情報伝達に重きを置いたバケツリレー式のコミュニケーション観に照らすならば、佐条くんがすべきことはもうすでに完了しているわけです。でも、だとすると、いったい草壁くんはどうして佐条くんに改めて気持ちを述べさせようとしているのでしょうか？

もちろん、すぐに思いつく答えは、「本人の口からはっきり聞きたい」というものかと思います。でも、なぜそもそも私たちは、こうした事柄について「本人の口からはっきり聞きたい」と思うのでしょう？　バケツリレー式コミュニケーション観のもとで見るならば、すでに伝わっている気持ちを改めて明言されたところで、これといって得るものはないはずなのに。

こう考えていくと、情報伝達という面に重きを置くバケツリレー式コミュニケーション観は、どうも人間のコミュニケーションという営みを一面的に見ているように思えます。それぞれが何か情報を得て、それをまだ知らない仲間に伝えて、そうして情報を蓄積していく。確かにコミュニケーションにはそういう面もあるかもしれませんが、実際の私たちの会話は、もう少しいろいろなニュアンスに富んだものであるように思えます。そのひとつの現れが、わかっていることをあえて言ったり、あえて言わせたり、というタイプの会話なのではないでしょうか？

コミュニケーションとマニピュレーションを区別する本書の会話観から言うと、情報伝達というのはむしろマニピュレーションの一部ということになります。確かに私たちはコミュニケーションをすることによって、こちらが知っていることを相手にも知らせようとすることもある。でも、そのようにして何かを知らせるというのはあくまでコミュニケーションを介して相手に影響を与えた結果として成立することなのですから、本書の分類に従うならばマニピュレーションの側で生じている事柄なのです。

そうすると、バケツリレー式のコミュニケーション観も、第一章で語ったグライスのコミュニケーション観と同様に、コミュニケーションをマニピュレーションの一種に還元しようとする見方であることがわかります。実のところ、私はグライスのコミュニケーション観もまた一種のバケツリレー式になっていると思っています。

私が「コミュニケーション」と呼んでいるのは、話し手から聞き手に何らかの発言をおこなうことによって、「自分がこんなふうに思っているということをふたりのあいだでの約束事にしましょう」という提案をおこない、聞き手がそれを受け入れたならば、実際にそうした約束事が成立する、というものでした。この観点から見たら、『同級生』のやり取りはどのように見えることになるでしょうか？

約束事は責任を生む

重要なのは、佐条くんが「いや　だから先生のためとか…　とか……　…じゃ　なくてお前と……　う　うたったりするのが……」と言い淀み、その先を言わなかった結果、佐条くんは〈佐条は草壁が好きだ〉ということをいまだコミュニケーションしない状態に留まっている、ということです。

ここで続きを言い、「お前とうたったりするのが好きなんだ」と言ったり、「お前とうたったりするのが楽しかったんだ」と言ったりしたならば、すでに草壁くんの気持ちを聞いたうえでなされている会話であるということを考慮すると、それだけで〈佐条は草壁が好きだ〉という内容のコミュニケーションになっていたかもしれません。でも佐条くんは言わないわけです。

結果的に、コミュニケーションは未遂に終わったまま、そのコミュニケーションを介してなされるはずだったマニピュレーション、つまりは草壁くんが佐条くんの気持ちに気づくようにするという操作だけが、先んじて成功したことになります。だからこそ、佐条くんの側からすれば、わざわざ恥ずかしい気持ちを押さえてまであえて明言する必要がないとも言えます。

そうすると、この状況で草壁くんが佐条くんに続きを言わせたがっているのは、なによりもきちんとコミュニケーションをしてほしい、マニピュレーションで満足せず、ちゃんとふたりのあいだの約束事のレベルに佐条くんの気持ちを持ち込んでほしい、ということでしょう。

でも、なぜちゃんとコミュニケーションにしてほしいと思うのでしょうか？　気持ちを知りたいというだけであれば、もうそれは実現しているのに。

ここで鍵になるのは、約束事というのはそれをしたひとのそれから先の行為を束縛するものである、という点ではないでしょうか？　「束縛」というと少し怖い響きかもしれませんが、要するに、今後の行為をその約束事を参照したものにするという責任が生じ、その責任を果たさなかったならば「約束事に反した」として非難を受けることになる、ということです。

試しに一般的な約束を思い浮かべてみましょう。私とあなたのあいだで、明日の朝十時に京都駅で会おうと約束をしたとします。そうすると、私とあなたはその約束に従って、自分の行為を選択していく責任を負うことになります。

例えば、朝に弱いうえに身支度に二時間以上かかる私は、スマートフォンのアラームをセットすることになるでしょう。そして、仮に私が寝坊して、京都駅に着いたのが正午だったとしたら、あなたはきっと怒るでしょう。いや、もしかしたら寛大にも許してくれるかもしれませんが、いずれにせよ、あなたには怒る権利があるし、私は怒られても仕方のないことをしています。

いまの約束は、一回限りの出来事に関わるものでした。でも約束にはほかの種類のものもあります。親が危ないことをした子どもに「二度とやらないと約束して」などと言った場合には、これをしたら約束を果たしたと言えるような目標はなく、約束をして以降はずっとその約束に従い続ける責任を負うことになります。そしてそれを破ったなら、毎回叱られることになるでしょう。

考えてみれば、このように互いの行為を統制するという機能がなかったならば、そもそも約束なんてする意味がありませんよね。約束の約束たるところは、まさにこの、責任を発生させることで互いの行為を一定の方向に導くという点にあります。

私がコミュニケーションは約束事を形成するものだと言うとき、私は「二度とやらないと約束して」という約束と同じような仕方で、コミュニケーションの参加者は今後の行為を制約されることになる、と考えています。つまり、何か目標があり、その目標を実現したら完了するというタイプの約束ではなく、それが結ばれて以降は取り消されるまでずっと効力を発揮するタイプの約束だということです。

話し手と聞き手のあいだの約束事

コミュニケーションが具体的にどういった約束事を生じさせるのか、改めて見てみましょう。次のような会話があったとします。

A　これから映画に行かない？
B　明日テストなんだよね。
A　そっか。じゃあまた今度にしよう。

Bは「明日テストなんだよね」と言ったことで、〈BはBが映画には行けないと思っている〉ということをふたりのあいだの約束事にしようとしていると考えられます。これがいったいどういう約束事であるかということを、いろいろな面から考えてみましょう。

まずこのあとのBの行動について考えてみます。例えばこのやり取りがあったあとで、Bが特にテスト勉強をするでもなく遊んでいたり、別のひとと映画に行ったりしているのを見たら、Aはきっと非難するでしょうし、Bは非難されて仕方のないことをしたと言えそうです。Bは、自分は映画には行けないと思っているという約束事に従わないとならないわけですから、要するに映画に行く余裕があるような振る舞いをすべきではないのです。

こうしたかたちで約束事に反する振る舞いは、会話においてしばしば非難されるためか、わざわざ特別な名前を用意され、独自のカテゴリーの悪徳だとされています。すなわち、「嘘」と呼ばれる行為です。

細かなことですが、私は「嘘はいけないことだから、話し手は自分の言ったことが嘘にならないように振る舞わないとならない」という当たり前のことを言っているのではありません。話は逆で、「話し手がコミュニケーションをした以上、話し手は自分のおこなったコミュニケーションに応じた責任を負うことになり、この責任に反するような振る舞いが『嘘』と呼ばれている」と言っているのです。言い換えると、あくまでコミュニケーションによってもたらされる約束事がまずあって、そうした約束事から派生的に表れてくる現象のひとつが嘘なのだと言っているわけです。これは、嘘という現象に対する私のコミュニケーション観からの説明なのです。

ともあれ、話し手はコミュニケーション後にこうした責任を引き受けることになり、約束事を破れば「嘘つき」と呼ばれることになります。

　でもそう考えると、コミュニケーションというのは、すればむやみに責任を引き受けることになる窮屈なもので、なんでそんなことをわざわざするのだろうか、と思われるかもしれません。この点に関わってくるのは、コミュニケーションが生み出す約束事は、話し手ひとりがおこなう約束ではなく、話し手と聞き手のあいだでの約束事である、ということです。つまり、コミュニケーションを受け入れたら、聞き手も聞き手で責任を負い、行動を制約されることになるわけです。

　先ほどのＡとＢの会話を思い出してください。Ｂが「明日テストなんだよね」と言ったあと、Ａが「そっか、映画は無理っていうことね」と引き下がったとしましょう。その後、ＡがＢの家にやってきて「さあ、映画に行こう」などと言い出したら、何か奇妙なことが起こっているように思えますよね。

　これは、Ｂが遠回しに言ったせいでＡに伝わらなかったというのとは別の状況です。ふたりのあいだではコミュニケーションが成立しているはずで、でも、それに反する振る舞いをＡはしているわけです。つまり、Ａは〈ＢはＢが映画に行けないと思っている〉という約束事を受け入れたにもかかわらず、Ｂがまるで本当はそんなことを思っていないかのように振る舞っているのです。

こうした場合、Aは「相手の言うことを真面目に受け取っていない」と非難されるに値することをしていることになるでしょう。これは、話し手ではなく聞き手の側に生じる責任です。

注意してほしいのは、これは〈Bは映画に行けない〉ということに反する振る舞いをするというのとは、少し別のことだという点です。AはBの発言を真面目に受け取ったうえで、「いや、でもあなたの成績ならテストは余裕のはずだし、映画に行くくらい大丈夫じゃない?」と反論するかもしれません。この場合には、〈Bは映画に行けない〉ということに反する発言をAはしているわけですが、こうした反論をしたからといって、Bの発言を真面目に受け止めていないと責められることはないでしょう。

Bの発言によってコミュニケーションがなされたうえでも、実際問題としてBに映画に行く余裕があるかという点に関してはAとBのあいだに意見の齟齬《そご》があってもいいのですが、少なくともBは自分が映画に行けないと思っているということは前提にしないと、議論のしようがありません。私がコミュニケーションによってもたらされる約束事と言っているのは、このレベルのことです。

約束事にしたい草壁くん

長々と説明してしまったので、『同級生』における問題の場面を改めて取り上げておきましょう。

佐条　だ…れも……　原先生のためにがんばったなんて言ってないだろ
草壁　ん!?
佐条　いや　だから先生のためとか…　とか……　…じゃ　なくて　お前と……　う
　うたったりするのが……
草壁　するのが…?
佐条　い　いや　やっぱいい
草壁　エ――　その先が…〔重要なんでないですか〕
佐条　い　いやいや

（同前）

これまで語ってきたことから、ここで草壁くんが求めていることが見えてきたでしょうか？　草壁くんは、〈佐条は自分が草壁に好意を持っていると思っている〉ということを、ふたりのあいだの約束事にしたいのです。

ひとつには、それによって互いの今後の行動を制約したい、というのもあるかもしれません。はっきりコミュニケーションにしないで済ませたならば、佐条くんはコミュニケーションから生じる責任を負わないで済みます。すると、仮にこのあとで佐条くんが草壁くんに好意を持っている（と思っている）とは思えないような振る舞いをしたとして、草壁くんが「俺のこと、好きだったんじゃないの？」などと問いただしたりしたとしても、「そんなこと、言ってないだろ」とでも言って、ごまかすことができます。

もちろん、ふたりはあの場面で互いの気持ちを知っていたわけですから、そんなごまかしかたをするのは不誠実です。不誠実ではありますが、それはあくまで道義的な話であって、この会話のなかではそうした不誠実を控えさせるようなものは生まれていません。

他方で、はっきりとしたコミュニケーションがない以上、草壁くんの側もまた、関連する責任を負わないで済んでいます。というより、負えなくなってしまっています。もしコミュニケーションがなされたならば、草壁くんは〈佐条は自分が草壁に好意を持っていると思っている〉という約束事に合わせてその後の言動を調整することになります。佐条くんが自分で〈自分は草壁への好意を持っている〉と思っている以上は本当に好意を持っているのだろう、と草壁くんが考えたならば、それは要するに、佐条くんから草壁くんへの好意があるのを前提として自分の行為を選んでいくことになる、ということです。

思うに、このように責任を負うことは、単に負担になるというだけでなく、一種の「口実」をひとに与える面があります。相手は自分に好意を持っている（と少なくとも相手自身は思っている）のだから、好意を持たれているということを前提としないと不誠実なわけで、だからプレゼントを贈ったり、デートに誘ったりしても構わないだろう、いや、むしろ積極的にそうしたことをすべきだ！　というように、自分がやりたいけれども、ただ「自分がそうしたい」というだけでやるには気が引けることを、約束事を口実にして堂々と実行できるわけです。

でも、コミュニケーションが起こらなかった場合はどうでしょう？　コミュニケーションに基づく責任というもの抜きにしてプレゼントを贈ったりデートに誘ったりせざるをえないのだから、これはもう、純粋に「自分がそうしたいから」という自分側の欲求だけの問題になってきます。

そういうときって、自分がひとりで空回りしているのではないかなどと不安になったりしますよね。もちろんコミュニケーションがなされたとしても、それによって生じる責任を曲解して空回りしたことをしてしまう可能性は常にあるわけですが、それでも、きちんとした口実があるかどうかで、心理的な安心感としては大きな差が生じるでしょう。

どうでしょう？　草壁くんが佐条くんにはっきりとしたコミュニケーションを求める心理として、それなりに的を射ていそうな説明になっているでしょうか？

もちろん、わざわざこんなふうに考えなくても、現実には草壁くんと佐条くんがおこなっているようなコミュニケーションを私たちも自然とおこなっているわけで、その背後にある心理についても、なんとなくはわかっていて、だからこそこうした場面を読むことで共感したり、ときめいたりするのだと思います。その意味では説明なんてされずともわかっていることではあるのですが、とはいえ、それを改めてきちんと言葉で説明するのは難しいことです。それをどうにかがんばってみると、いま述べたようになるのではないか、私たちが誰かにはっきりとしたコミュニケーションを求めるときにもこうした心理があるのではないか、と私は考えています。

あともうひとつ、コミュニケーションをはっきりとおこなうことには別の側面があるように思われます。それは、あえて責任を引き受ける姿を見せるという側面です。

佐条くんがはっきりと自分が草壁くんに持つ好意を語ったならば、佐条くんと草壁くんはそれによって、一定の責任を引き受けることになる。このことを詳細に説明してきました。とすると、もし仮に佐条くんがはっきりとコミュニケーションをおこなったなら、佐条くんにはその責任を引き受ける気がある、と言えるわけです。

普通に考えると、責任なんて引き受けなければ引き受けないほど楽なはずです。でもここで佐条くんがコミュニケーションをおこなったなら、面倒なはずの責任を自分から進んで引き受けていることになります。それを放棄すれば「嘘つき」と呼ばれるかもしれないのに。

なぜわざわざそんなことをするのかというと、それは何よりも、「嘘つき」と言われることになるような振る舞いはしないという確信や決意の表明なのでしょう。またその約束事を受け入れることで草壁くんとのあいだに責任による結びつきを持つことが、責任を回避するよりも大事なのだという気持ちの表明にもなるはずです。草壁くんからしたら、佐条くんにこのような表明をきちんとしてほしい、という心情もあったのかもしれません。

『同級生』でのやり取りを手掛かりに、互いにわかっていることをあえてきちんとコミュニケートするということが持つ意義について語ってきました。ポイントは、たとえすでにわかっているような心情であっても、はっきりとそれをコミュニケーションによって伝えたならば、改めてその心情に関する約束事が生じ、その約束事に照らして話し手と聞き手はその後の行動を統制する動機を得ることになる、というところでした。

このことを押さえておくと、さまざまなフィクション作品について、そこでのやり取りの意義を理解できるようになります。

「好きだ」と言わないあたるくん

例えば、高橋留美子《たかはしるみこ》による名作『うる星やつら』（小学館）のラストシーンなどは、この点で興味深いものとなっています。

『うる星やつら』というと、『週刊少年サンデー』に一九七八年から一九八七年にかけて連載されていた、ドタバタ系コメディ漫画です。私はさすがにリアルタイムでは知らない世代なのですが、高校生のころにいきなり高橋留美子作品にはまり、『うる星やつら』や『めぞん一刻』などをお小遣いでがんばって買いそろえて読んだものでした。

どんな漫画かというと、諸星《もろぼし》あたるという高校生の男の子が主人公で、あたるくんを「ダーリン」と呼んで慕《した》う宇宙人のラムちゃんや、あたるくんの幼馴染で（最初はそうでもなかったと思うけれど）大変な怪力の持ち主である三宅しのぶ、やたらと不吉なことを言ううさんくさいお坊さん錯乱坊《チエリー》、常識外れの大富豪の息子である面堂終太郎《めんどうしゅうたろう》、男の子として育てられた喧嘩っ早い女の子の藤波竜之介《ふじなみりゅうのすけ》といった面々が、宇宙人や妖怪や幽霊やらを巻き込んで毎回大騒ぎするような内容です。

有名な漫画なので、キャラクターは知っているというひとも多いのではないかと思いますが、この漫画の最後のエピソードがどんなものなのかはそこまでは知られていないかもしれません。最後のエピソードは、コミックス一巻分をまるまる使った長編となっていて、ラムちゃん自身も知らなかったラムちゃんの許嫁《いいなずけ》の存在が明かされるところから始まります。

許嫁にさらわれたラムちゃんを救出しようと、あたるくんは地球を飛び出し、いまにもラムちゃんの結婚式が開かれようという会場に突入するのですが、なんとふたりはその場でこれまでにないような大喧嘩をしてしまいます。この宇宙をまたにかけたドタバタの末に、なんだかよくわからないうちに地球も危機的状況になり、地球を救うにはふたりが仲直りするしかなくなるのですが、ラムちゃんはあたるくんが「好きだ」と言ってくれない限り許す気はないと言い張ります。こうして、意地っ張りのあたるくんがラムちゃんにきちんと好意を告げられるかどうかが地球中の人間、それどころか地球外の人間にまで関わる大問題になる。そんなお話です。

いちおう断っておくと、いま語った範囲では、わかり切っていることをあえて口にさせるという本章のテーマが出てくるような話にはなっていません。「好きだ」と言ってほしいという要求を断られたあと、ラムちゃんは「ダーリンは一度だって、うちのことを好きだって…いってくれたことなかったっちゃ。もしかするとダーリン本当に…うちのことが嫌いだっちゃ…?」と涙をにじませていて、その一方であたるはひとり「バカが…いわなくちゃわからんのか」と胸のうちで思っています（高橋留美子『うる星やつら〔新装版〕』㉞）。この段階だと、単に気持ちが伝わっていないだけの話なんですね。

面白いのは、最終的にあたるくんは一度もラムちゃんに「好きだ」と言うことなく、このエピソードが大団円を迎えることです。あたるくんは本当にそのひとことを口にすることがないのですが、それでもラムちゃんへの気持ちが伝わらざるをえないような姿を見せ、あたるくんからの気持ちを確信できたラムちゃんがそれを受け入れ、物語は終結します。

その最後の最後、周りから「…で、結局好きといわずじまいか⁉」、「偏屈男」と言われるなかでのふたりのやり取りが、こちらになります。

ラム　一生かけていいわせてみせるっちゃ。
あたる　いまわの際にいってやる。
周囲の誰か　一生痴話ゲンカ続けるつもりか、おのれらっ!!
ラム　だっちゃ!!

（高橋留美子『うる星やつら［新装版］』㉞）

もう誰がどう見ても、互いの気持ちはわかり切っている状態なのですね。それでもなぜラムちゃんがきちんと好意を語らせることにこだわるかというと、ここには『同級生』の草壁くんと同じような心情が垣間見えます。

ただ、他方で、このやり取りは別の面から面白いことにもなっています。あたるくんは確かに自分がラムちゃんのことを好きだというコミュニケーションはしていないのですが、「いまわの際にいってやる」とは言っているのですね。この発言はあたるくんからラムちゃんへのコミュニケーションをおこなうものとなっていますが、その内容の一部として〈いま

高橋留美子『うる星やつら［新装版］』㉞/小学館

わの際まで一緒にいる〉ということが含まれている。つまり、〈あたるは自分がラムと一生一緒にいると思っている〉ということについては、あたるくんとラムちゃんのあいだで約束事となっているわけです。同様のことは、直前のラムちゃんの「一生かけていわせてみせるっちゃ」にも言えます。

これって、考えようによっては、「好きだ」と伝えるよりもずいぶんと大きな帰結を伴う約束事ですよね。このあたりで、読者から見ても、作中の人物から見ても、あたるくんが下手に「好きだ」と伝えて事を収めた場合よりもはるかに雄弁に、あたるくんからラムちゃんへの好意が見て取れるようになっていて、個人的にはとても好きなラストシーンです。

実はラストエピソードの終盤では、あまりに事が大きくなりすぎて、いまさら「好きだ」と言っても嘘か本当かわからないのではないかというあたるくんの葛藤も描かれていたりします。「好きだ」だけは言わず、けれどそれよりも甚大な帰結を伴うコミュニケーションをおこなうというのは、この葛藤に対するあたるくんなりの解決策だったのかもしれませんね。

ウルトラスーパーデラックスマンが正体を明かす

反対に、わかり切っていることを言うまいとするような場面についても、それによって何をしようとしているのかを捉えることができそうです。藤子不二雄《ふじこふじお》（藤子・F・不二雄）の短編に『ウルトラスーパーデラックスマン』という作品があります。唐突に超人的な力の数々を手に入れた会社員の男性である句楽兼人《くらくけんと》が友人を自宅に招く話です。タイトルからも主人公の名前からもわかるように、『スーパーマン』のブラックジョーク的なパロディとなっている作品です。

句楽は超人的な力と短絡的な正義感や怒りっぽさを併せ持つ人物で、自分が悪人だと認識した相手を殺害、蹂躙《じゅうりん》し、警察や機動隊、果ては自衛隊まで壊滅させ、独裁的な地位にいます。作中では、気に入った女性歌手を欲望のままに呼びつけ、性的に搾取《さくしゅ》するさまも描かれています。そして句楽は、誰かと戦うときにはコスチュームを身にまとい、「ウルトラスーパーデラックスマン」を名乗っています。

コミュニケーション論的観点から興味深いのは、句楽がウルトラスーパーデラックスマンと同一人物であることは、およそ誰もが知っていると作中で描かれているにもかかわらず、句楽はそれを表立って述べることを戒《いまし》めているというところです。次に挙げているのは、句楽と、不幸にも句楽に自宅へ招かれてしまった同僚の片山との会話です。句楽はウルトラスーパーデラックスマンのコスチュームで現れ、片山を句楽の家まで届けたところです。

句楽　きみにならあかしてもいいだろう。実はぼくの正体は…。ジャアン!!　きみの友人句楽兼人その人だったのさ。……おどろかないの?
片山　びっくりした!!　あーおどろいた!!
句楽　もういい。どうせみんな知ってるんだろうけど、ただたて前は守らなくちゃな。喋るとただじゃおかない。

（藤子不二雄『ウルトラスーパーデラックスマン』）

ここでは句楽は片山に自分がウルトラスーパーデラックスマンだと明かしているわけなので、このやり取りは本章で扱ってきた、わかり切っていることをあえて言うという事例にもなっています。けれど、いま注目してほしいのはそこではなく、みんな知っているのはわかっているにもかかわらず、句楽がわざわざこのことをしゃべってはならないと禁じている、という点です。

なぜわかり切っていることを語るのを禁じるのでしょうか？　すでにわかり切っていることであっても、それを改めてコミュニケーションにすると、それまではなかった約束事が生じることになる。これが本章で述べてきたことでした。だとすると句楽が禁じようとしているのは、そうした約束事を人々が生み出すことだと言えるでしょう。わかっているのは仕方ないが、約束事のレベルにはしてくれるなと言っているのです。

ではなぜウルトラスーパーデラックスマンの正体を約束事のレベルに持ち込むことを禁じるのでしょうか？『同級生』の草壁がすでにわかり切っていることをコミュニケーションにしてほしがっていたのは、それによって生じる約束事に照らして草壁自身や佐条の行動を動機づけられるようにしたいからという面がある、と私は説明しました。それをもとに考えると、句楽は、ウルトラスーパーデラックスマンと句楽が同一人物であることを含むような約束事が誰かと誰かのコミュニケーションにおいて形成され、それに照らして行動が動機づけられる、ということを避けようとしているとわかります。

それはたぶん、それによって句楽に抵抗しようという人々が協力し合うようになるのを阻止するといったことが理由ではないでしょう。自衛隊でも相手にならず、小型核ミサイルを撃ち込まれても平気だという句楽ですから、普通の人間が集まって反抗してきたところで、痛くもかゆくもないはずです。

それよりも重要なのはおそらく、句楽がこの状況でもなお会社に通って給料を得たり、片山と同僚としての会話を楽しもうとしたりしているところにあるのでしょう。句楽からしたら、ウルトラスーパーデラックスマンとして独裁的な権力と武力を保持し、世の中を思うがままにコントロールしながら、それと同時に一市民としての平穏な暮らしと友人関係を楽しみ続けたかったのではないでしょうか？

それをするためには、あくまで普段の句楽に対しては、ウルトラスーパーデラックスマンに対するのとは別の、句楽に対する態度で接してもらわなければならない。ウルトラスーパーデラックスマンの正体について人々が大っぴらに語ることを許すと、そうした内容を含むコミュニケーションによって、それとは別の態度への動機づけをもたらすような約束事が生まれかねないわけで、句楽はこれを禁じることで、あくまで句楽に対し、ウルトラスーパーデラックスマン向けではない態度を取るよう強制していたのだと考えられます。

もちろん、実際には人々の振る舞いはウルトラスーパーデラックスマンへの恐怖に支配されたものになっているのですね。句楽は自分の前ではあくまでただ句楽という一市民と話しているのだという態度を強制している。ところが、自分の思う通りにならないときには暴れるわけで、一種のダブルバインドになっています。このダブルバインドをもたらしている要因のひとつが、ウルトラスーパーデラックスマンの正体に関するコミュニケーションの禁止だというのは、逆にコミュニケーションが持つ規範的な拘束力を示しているようで、面白いですよね。

第三章 間違っているとわかっていても

- オリエント急行の殺人
- 金田一37歳の事件簿
- マトリックス
- クイーン舶来雑貨店のおやつ
- HER

話し手は自分が正しいと思う情報を伝えないとならない？

「コミュニケーションとは一種の約束事の形成である」という観点を手掛かりにして、前章では、話し手にとっても聞き手にとってもわかり切ったことをわざわざコミュニケーションにすることの意義について語りました。要するに、すでに互いにわかり切っているようなことであっても、それを改めて約束事のレベルに持ち込んで、それに照らして今後の行動を動機づけていったなら、話し手と聞き手の双方に関わるような変化が生じるわけですね。

ところで、前章でも語ったようなバケツリレー式のコミュニケーション観を思い出してみてください。前章で扱ったような例がこのコミュニケーション観ではうまく捉えられないものであるということについては、すでに語っています。でも、それ以外にもこのよくあるコミュニケーション観では捉えられない現象があるように思えます。

バケツリレーをするとき、バケツを送り出すひとはどこかから水を汲んで、それが入ったバケツを受け渡すものですよね。それと同じように、コミュニケーションについても、単にバケツを受け渡すだけでなく、ちゃんと水を汲むというのに対応する側面があるように、普通は考えられているはずです。

どういうことかというと、コミュニケーションとして一般的に想像される営みにおいては、話し手がどこかで何かしらの情報を得て、それを言葉に込めて聞き手に受け渡すと考えられています。このとき、話し手が得た情報というのは、正しい情報、あるいは少なくとも話し手は正しいと思っている情報だと考えられているのではないでしょうか？　そしてそれを話し手は聞き手に伝え、聞き手は話し手の発言を通じて正しい（と話し手が思っている）情報を手にすることになる、と。

話し手がきちんと自分が正しいと思っている情報を伝えるというのは、バケツリレーで言うと、送り手がきちんと水（だと自分で思っているもの）をバケツに汲むということと対応しています。ここが故意にか不幸な偶然によってかうまくいっていなかった場合、つまり話し手が誤った情報を言葉に込めてしまったり、バケツの送り手が水以外の何かをバケツに汲んでしまったりした場合には、コミュニケーションもバケツリレーもうまくいかなくなる。そんなふうな考えかたを、みなさんもしていないでしょうか？

前章では、「すでに相手のところに十分な水があるとわかっているのにバケツリレーで水を受け渡す理由はないのと同じように、すでに聞き手がわかっているとわかっていることをコミュニケーションによって伝える理由はない」という見方に反する例を中村明日美子の『同級生』から取り上げ、検討しました。この章では、「きちんと水（だと送り手が思っているもの）を汲まなければまともなバケツリレーにならないのと同様に、きちんと正しい（と話し手が思っている）ことを伝えなければまともなコミュニケーションにならない」という見方にうまく適合しないような例について考えてみたいと思います。

ここで、大きめのウォーニングを出しておきます。「ネタバレ注意」というやつです。本章ではこれから、アガサ・クリスティの『オリエント急行の殺人』を取り上げます。そのあらすじや登場人物についても語りますが、それだけではありません。このミステリの謎解き部分や犯人の正体など、核心に当たる部分についても大っぴらに語ります。ですから、まずはそういったことは知らないで『オリエント急行の殺人』を読みたいというかたは、いますぐこの本を閉じて、代わりに『オリエント急行の殺人』を開いてください（もしくは、とりあえずこの章は飛ばして次の章に行ってください）。

『オリエント急行の殺人』というと発表は一九三四年、何度も映画やドラマになった超有名作品です。私もそうでしたが、なかには「読んだことはないけれどトリックは知っている」というひともいるようなミステリなので、いまさらネタバレ注意も何もないと感じるひとがいるかもしれません。でもそうはいっても、どんなことであれ、誰だって結末を読む前には当然知らないわけで、『オリエント急行の殺人』のトリックをまだ知らず、かついままさにクリスティ作品を読んでいっているところであったり、あるいはそうでなくても今後いつの日かクリスティ作品にはまることになる潜在的な読者であったりするというひとは、必ずいまも存在していますよね。そうしたひとの楽しみを奪うようなことは、したくないなと思っています。

会話で物語が進行する『オリエント急行の殺人』

さて、アガサ・クリスティの『オリエント急行の殺人』は、名探偵エルキュール・ポアロが主人公となっているシリーズの一作となっています。ポアロというのは、コナン・ドイルの生み出した名探偵シャーロック・ホームズに次ぐぐらいにこのジャンルでは有名なのではないかと思いますが、小柄で口ひげを蓄えているちょっと気取り屋の紳士とされていて、ドラマではデヴィッド・スーシェが演じているときの姿が原作に近い雰囲気だとよく言われます。イギリスで活躍していますが出身はベルギーで、言葉の端々《はしばし》にフランス語が混じるのが特徴です。相棒のヘイスティングズによく「友よ《モナミ》」と話しかけたりしています。

余談になりますが、いま「相棒」と述べたヘイスティングズは、実はそんなに登場回数は多くないのですよね。登場する作品ではホームズにおけるワトソンのような役割に収まっているように見えるのですが、ポアロひとりで十分に個性的だからか、どうもヘイスティングズ抜きで事件を解決していることが多かったりします。少し寂しいような気もしますが、だからこそ『アクロイド殺し』のような作品が出てくる余地があったり、『カーテン』での再会の場面や結末が印象的だったりするのかもしれませんね。このあたりの作品も、読んだことがないというかたにはぜひ読んでみてほしいです。

ちなみに、法月綸太郎《のりづきりんたろう》にミステリのお約束自体をネタにした『ノックス・マシン』（角川文庫、二〇一五年）というメタミステリの短編集があって、それに世界中のワトソン役が集まる「引き立て役倶楽部の陰謀」という愉快な作品が収録されているのですが、そのなかでもヘイスティングズはほかのワトソン役たちと比べて独特の雰囲気を発していたりします。

『オリエント急行の殺人』に話を戻しますが、これはシリアで何かの事件を解決したポアロが急いでイギリスに戻るため、ヨーロッパ大陸を横断して走るオリエント急行に乗ったところ、その車内で事件に巻き込まれるという物語になっています。

ポアロは車内でサミュエル・ラチェットというアメリカの大富豪と出会い、身の危険を感じているというこの富豪からボディガードの依頼を受けるのですが、すげなく断ります。その後、大雪で列車が動かなくなってしまい騒ぎになるなか、ラチェットが自分の寝室で殺害されているのが発見されます。ラチェットには十か所以上の刺し傷があって、明らかに自殺ではない。けれど外の雪に足跡はなく、犯人が外から来たとは考えられない。そうすると乗客の誰かが犯人だということになるが、しかし誰に話を聞いても、誰のアリバイもほかの誰かが証言するかたちになっていて、犯行が可能な人物がひとりも浮かび上がらない。果たして名探偵ポアロは、この奇妙な事件を解決できるのか……？　というようなお話です。

ホームズは虫眼鏡で現場を観察する姿をよく描かれるように、現場の緻密な調査によって物的証拠を見つけ出すのを得意としている探偵ですよね。ですが、ポアロは容疑者との会話をもとに、そこに矛盾《むじゅん》を見出したり、些細《ささい》な言葉に現れる心理から事件の背後にある人間関係を推察したりと、人間観察を通じた推理を得意とする探偵で、この作品でも、物語の大半は容疑者たちとポアロとの会話によって展開することになります。

この事件には、国籍も職業も世代もばらばらなたくさんの容疑者が登場します。家庭教師をしているイギリス人女性、ロシアからフランスに帰化した侯爵夫人、その侯爵夫人の女中を務めるドイツ人女性、ハンガリー人の夫婦、イギリス人の大佐、などなど。互いに接点もなさそうな人々が証言においては互いのアリバイを示しているわけで、そこがこの事件最大の謎になるわけですね。

すでにネタバレへの注意はしておきましたので、この事件の顛末《てんまつ》を語ってしまいますと、実はこの容疑者たち全員が犯人だったという結論になります。被害者のラチェットは、過去にデイジー・アームストロングという少女を誘拐し、身代金を奪ったうえで殺害した人物でした。ラチェットはそれだけのことをしながら、保釈金を払って罪を逃れてのうのうと暮らしていました。一見すると互いに接点がなさそうだった容疑者たちは、実は全員がアームストロング家の関係者で、法の裁きを受けずにいるラチェットを自分たちの手で処刑しようとしていたのでした。ラチェットにつけられた複数の傷は、容疑者たちがひとりひとり順番につけたものだったのです。

インパクトのある結末ですが、本書で焦点を当てたいのは、もちろんそこではありません。ポアロは事件の真相を語るときに関係者を一堂に集めて推理を披露する習慣があります。『オリエント急行の殺人』でもそうした場面がありますが、ポアロはそこで次のように言っています。これは当然、先ほど述べた事件の真相を語る前の場面になります。

「お集まりのみなさん、ここからは英語でお話しすることにします。英語なら、どなたも多少はご存じのようなので。ここに集まっていただいたのは、サミュエル・エドワード・ラチェット、またの名をカセッティの死について調べるためです。この事件には二つの解決法が考えられます。いまからその二つをみなさんにご披露して、ここにおられるムッシュー・ブークとコンスタンティン先生に、どちらの解決法が正しいかの判断をお願いしようと思います。」

（山本やよい訳『オリエント急行の殺人』）

ブークというのは、オリエント急行を運営している会社の重役で、たまたま事件に巻き込まれ、ポアロに事件の解決を依頼したひとです。コンスタンティンもたまたま居合わせた乗客で、お医者さんです。ラチェットの検死をしました。このふたりは比較的はっきりと容疑者から外れていたこともあって、ポアロは最終的な判断をこのふたりに任せると言っているのですね。

ふたつの解決法

で、ここが本題になるのですが、ポアロはこの事件にはふたつの解決法があると言っています。少し長いですが、ひとつ目の解決法に関するやり取りを引用してみましょう。文中で出てくるハードマンというのは、セールスマンと称して車内にいたが、実はラチェットに依頼されてボディガードをしていた私立探偵だった、という人物です。

「[…] ハードマン氏の証言によると——あ、ハードマン氏はニューヨークの探偵社の社員ですが（ここで何人かがハードマンのほうを見た）——ハードマン氏に姿を見られることなく彼のコンパートメント——いちばん端の十六号——の前を通ることは誰にもできなかったはずだそうです。そうなると、つぎのように結論するしかありません。犯人はイスタンブール＝カレー間の寝台車の乗客のなかにいる。われわれは、いったんはそう考えたのですが……」

「なんですと《コマン》?!」ブークが驚いて叫んだ。

「しかし、それに代わるもうひとつの説をご披露しましょう。きわめて単純な説です。ラチェットは何者かに命を狙われていました。そこで、ハードマン氏にその人物の人相を教え、もし襲ってくるとしたら、イスタンブールを出て二日目の夜がもっとも危険だと言いました。

さて、ここで、お集まりのみなさんに申し上げておきますが、ラチェットはハードマン氏に話したよりもはるかに多くのことを知っていました。ラチェットが予想していたように、彼をつけ狙っていた人物は、ベオグラードかヴィンコヴチの駅で、アーバスノット大佐とマックィーン氏がホームにおりたときにあけっぱなしにしておいたドアから、車内に忍びこんだのです。あらかじめ寝台車の車掌の制服を用意しておき、自分の服の上からそれを着ました。また、合鍵も用意してあったので、ドアに鍵がかかっていても、ラチェットのコンパートメントに入ることができたのです。ラチェットは睡眠薬でぐっすり眠っていました。その人物は力まかせにラチェットを刺し、ハバード夫人のコンパートメントとのあいだにあるドアを通り抜けて――」

「そのとおりよ」ハバード夫人はうなずきながら言った。

（同前）

詳細は置いておいてポアロが何をしているのかを説明すると、要するに外部の人間による犯行であるというすでに退けたはずの説を持ってきて、それと矛盾しそうな事柄を無理やりにつじつまを合わせるかたちで語り直しているのですね。このあとにも、次々と事件の謎に関わっていた事実が持ち出されては、ポアロの巧みな話術でそれらしく説明されていきます。あちこちで無理は生じているのですが、外部の人間による犯行だとしても、整合性のある説明は可能だと示しているわけです。

ブークは釈然としない様子を見せますが、容疑者たちはこの解決を受け入れるような反応を見せます。それはそうですよね。この時点ではポアロが本当に真相にたどり着いているなんて思わないまま、自分たちが望んだ通りの答えを語ってくれているわけですから。けれど、この話を聞いたコンスタンティンは次のように反応します。

コンスタンティン医師がこぶしでテーブルを叩いたので、全員が飛びあがった。

「いや、違う」医師は言った。「違う、違う、ぜったいに違う！　筋の通った説明とは言いがたい。不完全な点がたくさんある。事件の真相はそのようなものではない。ムッシュー・ポアロもよくおわかりのはず」

（同前）

そう、ここがポイントなので頭に留めておいてください。外部の人間が忍びこんで犯行に至ったのだというのが事件の真相でないことは、ポアロもコンスタンティンもブークもわかっているし、そして互いにほかのひとがそうわかっていることもわかっているのです。そんな事件ではない、ということが関係者たちのあいだではすでに共通の認識となっています。

これに続く箇所が、意味深です。

ポアロは医師に妙な視線を向けた。

「わかりました。では、第二の解決法を申しあげるしかありませんね。しかし、いまの解決法もあわてて捨てたりしないでください。あとで、そちらに同意なさるかもしれない」

（同前）

こうして、ポアロはすでに述べたような事件の真相を第二の解決法として語ることになります。ラチェットという人物の犯した許されざる罪、そして法が裁かないその罪を法に代わって裁こうとした容疑者たち。第二の解決法が語られ、容疑者たちもポアロの指摘を認めるのですが、この事件はしかし、次のようなやり取りで締めくくられることになります。


ポアロは友人のブークに目を向けた。

「鉄道会社の重役として、ムッシュー・ブーク、何かご意見は?」

ブークは咳払いをした。

「わたしの意見を申しあげるなら、ムッシュー・ポアロ、あなたが出された第一の説のほうが正しいと思います。そうに決まってます。ユーゴスラビアの警察が到着したら、そちらの説を話しましょう。賛成してくださいますか、先生」

「賛成ですとも」コンスタンティン医師は言った。「医学的な証拠に関してですが、わたしは——そのう——ひとつかふたつ、的はずれなことを言ったようです」

「それでは」ポアロは言った。「事件の真相についての説明も終わりましたので、わたしはそろそろ退場するとしましょう……」

（同前）

ようやく本題にたどり着きました。ここでなされているコミュニケーションについて取り上げたくて、ここまで解説をしてきたのでした。

このやり取りでは、ブークもコンスタンティンも、第一の説、つまり外部からの侵入者がラチェットを殺害したという説が正しいと述べていますよね。三人の会話なのでちょっと構造がややこしいですが、ひとまずブークの発言が最後の一文を除いてポアロに向けられていると仮定して、単純化してみましょう。ブークは、ポアロに向かって、事件は外部の人間によって起こされたと伝えているわけです。

これがバケツリレー式のコミュニケーション観とはうまく合致しないということに気をつけてください。容疑者全員が犯人だったというもっと説得力のある真相を語られた直後のやり取りなので、ブークは当然第一の説が間違っていることをわかっているし、ポアロだってそれが間違っていることも、間違っているとブークがわかっていることも承知しているはずです。

それなのに、ブークは第一の説が正しいというコミュニケーションをおこなっているわけです。話し手が何か正しい（と話し手が思っている）情報を持っていて、その情報をまだ持っていない聞き手にそれを伝えている、という見方では、何をしているのかよくわからないやり取りですよね。

いったいなぜ、このひとたちはこのようなやり取りをしているのでしょうか？　このコミュニケーションによって、いったい何が達成されることになるのでしょうか？

「第一の説のほうが正しいと思います」という発言でなされること

コミュニケーションの核を情報伝達とか、それによって得られる知識の増加に見るような考えかただと、こうしたやり取りの意義はよくわかりません。けれど、第一章から語っている、約束事を形成するものとしてのコミュニケーションという観点からすると、このやり取りがなぜなされているのかが見えてきそうです。

ブークが「私の意見を申し上げるなら、ムッシュー・ポアロ、あなたが出された第一の説のほうが正しいと思います」と発言し、それをポアロが受け取ることで、ふたりのあいだではある約束事が形成されることになります。どのような約束事かというと、〈ブークは自分が第一の説を正しいと思っている〉、あるいは単純化するなら〈ブークは第一の説が正しいと思っている〉という約束事ですね。ふたりで（あるいはコンスタンティンも含めて三人で）、この約束事を守るように、今後は行動することにしませんかと提案しているわけです。

ポアロの側は、すでに同様の内容のコミュニケーションを、第一の説を提案した時点でしているわけですね。〈ポアロは第一の説に説得力があると思っている〉という約束事を提案していたわけです。ブークの発言を受けたコンスタンティンは、自分も同様のコミュニケーションをおこないます。結果的にこの三人は、〈私たちはそれぞれ第一の説が正しいと思っている〉という約束事に同意したということになるでしょう。

間違っているとわかっていることをそれでもコミュニケーションにしたことの眼目は、まさにここにあると考えられます。第一の説が間違っていることは三人ともわかっているし、それぞれほかのひとが第一の説を間違いだと思っていることもわかっているのです。それでも、三人は犯人たちに同情し、救いたいと思った。だからこそ、間違っているとわかっている内容を持つコミュニケーションをその場でやって見せて、自分たちがどういった約束事に従ってこれから警察に証言したりするのかを確認したわけですね。

「私がこのように考えるということにしましょう」という約束事は、必ずしも本当にそのひとがそのように考えることなく形成することができる、という点に注意してください。実際にその考えを持っていなくても、その考えを自分は持っているという約束事を採用して行動するのに、特に支障はないのです。

例えば、私が勤めている大阪大学には、いろいろなマイノリティの学生や教職員が安心して過ごせるようにするためのガイドラインがありますが、ひょっとしたら大学のメンバーのなかには、そのガイドラインで語られているようなことを本心では望ましいと思っていないひとも残念ながらいるかもしれません。けれどそういうひとだって、普通は「この大学のメンバーは、このガイドラインで述べられているような方針が正しいと思っています」という約束事には参加していて、それに従って振る舞おうとはしているはずです（そうでないと問題視されます）。

『オリエント急行の殺人』を見ていると、どうもコミュニケーションによって形成される約束事についても、同じことが言えるようです。ブークもコンスタンティンもポアロも、事件が外部の人間によって起こされたとはまったく思っていません。それでも、ブークが「第一の説のほうが正しいと思います」と言い、コンスタンティンが「賛成ですとも」と言うことで、〈私たちは外部の人間による犯行だと思っている〉という約束事が形成され、三人はそれに従って今後の行動をしていくことになるわけです。約束事というのは個々人の心理というより、人々が共有する規範の問題なのです。

こうしたやり取りと、「真相は第二の説が示す通りだが、ここはひとつ第一の説を正しいということにして、犯人たちを見逃そうじゃないか」などとはっきり言う場合との微妙な違いも注目すべきところでしょう。はっきりと「嘘をつくことにしよう」と言ってしまったら、それはそれでひとつのコミュニケーションになってしまいます。つまり、自分たちはそれと知って嘘をついているのだということを約束事のレベルにしてしまうことになります。

しかし、そうすると関連会社の重役であったり、医者であったり、探偵であったりという、基本的にこの事件について嘘をつくこととは矛盾するような責務を負っていそうな立場の人々としては、それもそれで問題ですよね。大っぴらに嘘だと認めることは、自分たちの職業倫理に反する。しかし、事件の背後にあった事実からすると、犯人たちを見逃してあげたい。本当ならここに葛藤があるわけですが、ポアロははっきりでっちあげだとは言わないまま「第一の解決法」を提示するというかたちで、葛藤への解決策をも与えていることになるわけです。

「コミュニケーションとは情報の伝達というより約束事の形成である」という観点から、『オリエント急行の殺人』のラストシーンに見られるドラマティックなやり取りがいかなるコミュニケーションになっているのかを論じてきました。実はこのように、間違っているとわかっていながらあえておこなわれるコミュニケーションというのは、その「あえて」の背後にある心理をさまざまに想像させることができるためか、フィクションではいろいろなかたちで登場します。

恋人であり続けるために

これはほかの場所（講談社から出ている『言葉の展望台』）でも取り上げた例なので、あまり細かくは紹介しませんが、天樹征丸《あまぎせいまる》原作、さとうふみや漫画の『金田一37歳の事件簿』（講談社）でも、こうしたコミュニケーションを巧みに利用した場面が見られます。『金田一37歳の事件簿』は、一九九〇年代に大ヒットした漫画『金田一少年の事件簿』の続編に当たり、この原稿を書いている現在（二〇二一年末）も『イブニング』にて連載が続いています。『金田一少年の事件簿』というのは、『週刊少年マガジン』で連載されていたミステリ漫画です。一九八〇年代生まれの私にとってはほとんど伝説的漫画で、クラスメイトと事件の真相を解き明かそうと一緒に頭を悩ませたり、少しして青山剛昌《あおやまごうしょう》の『名探偵コナン』（小学館）が始まるとクラスの漫画好きのあいだでなんとなく「金田一派」と「コナン派」に分かれ、いま思うと微笑ましいライバル意識をぶつけたりしていたものです。

もともとの『金田一少年の事件簿』は、名探偵金田一耕助《きんだいちこうすけ》の孫で高校生の金田一一《はじめ》があちこちで凄惨な殺人事件に出くわし、それを解決する作品となっていました。たいていは連続殺人となっていて、しばしばその殺人は何かの見立てのもとでおこなわれ、犯人が得体の知れない怪物の名前のもとで犯行を繰り返すというパターンを毎回踏襲《とうしゅう》しているのが特徴です。巨大な劇場を持つ洋館であるオペラ座館で殺人を繰り返す「オペラ座の怪人」、外界から隔絶されたような小さな村である六角村で次々と住民を襲う「七人目のミイラ」と、やけに犯人が名乗る名前が印象的なんですよね。

問題の『金田一37歳の事件簿』は、それから二十年が経ち、会社員となった金田一が再びいろいろな事件に挑む作品となっています。次のやり取りは、この作品の11巻に登場するものです。犯人とその恋人である女性が、犯人の逮捕後に交わすやり取りなのですが、いちおう名前は伏せておきますね。

犯人　僕からもひとつ聞いていいかな
女性　なあに？
犯人　僕の車の中に落ちていたあの草の実――　あれは本当に僕がうっかり付けてきてしまったものなのかな？　もしかしたらあれはあの最後のドライブの時　金田一さんに頼まれた君がこっそり落としておいたものなんじゃなかったのかい？
女性　違うわ　〝あれ〟はあなたのミスよ…！
犯人　そうか……　――わかった
（さとうふみや漫画、天樹征丸原作『金田一37歳の事件簿』⑪）

これだけだとわかりにくいやり取りですが、実は女性は金田一に協力して、犯人の車のなかに犯人を追い詰めるための罠を仕込んでいたとのちに仄《ほの》めかされるのですね。ですから、犯人が言っていることは正しかったわけです。それを女性は否定する。
要するに女性は嘘をついたわけですが、ただ、おそらくこのやり取りのとき、犯人も犯人で、それが嘘であることはわかっているのではないかと思います。わかったうえで、その嘘

さとうふみや漫画、天樹征丸原作『金田一 37 歳の事件簿』⑪/講談社

を受け入れる。女性も、嘘だと知られているとわかったうえで、「違うわ」と言う。このコミュニケーションの意味も、本章で語ったことに照らし合わせたら見えてくるのではないでしょうか?

このあと、ふたりは別れの直前に、最後のドライブの思い出を楽しく語り合います。たぶんこの語り合いは、女性が「違うわ」と言って〈自分は罠にかけてなどいない〉ということをコミュニケーションによって伝え、犯人がそれを受け入れた、というステップがなければ実現しないものだったのでしょう。このほんのわずかに残された「恋人として過ごすことが許される時間」をきちんと恋人として過ごすには、嘘だとわかっているコミュニケーションをするしかなかったのだと思われます。

ここまでで取り上げてきたのは、あえて間違っているとわかっている内容を伴うコミュニケーションをおこない、それによって聞き手とのあいだで約束事を形成するというところに、話し手の人情なり、切なさなりが現れているような例となっていました。それ以外にも、こうした例には面白いバリエーションがあります。

間違っているとわかっている内容を伴うコミュニケーションをするにあたっても、そのための発言の選択肢は多岐にわたります。ポアロの場合は、かなり緻密に反論への応答などもおこないながら、採用するに足る仮説として間違っているとわかっているものを持ち出し、ブークやコンスタンティンはそれに同意するような発言をしたのでした。けれどあの場面でポアロが「ラチェットは突然窓の外から突風で飛んできたナイフに突き刺されるという不幸に十回以上も見舞われたのだ」などと言ったとしても、間違っているとわかっているコミュニケーションをおこなうことで、本当の犯人たちを守ることができたかもしれません。

けれど、その発言だとどうにも内容がいい加減すぎて、犯人たちを守ろうという誠意があまり感じられないですよね。そのような荒唐無稽《こうとうむけい》な仮説では、すぐに警察に疑問を呈されて終わってしまいそうです。おそらくポアロとしてはそうしたことも避けたいから手の込んだ話をしたのであるし、ブークやコンスタンティンもポアロがそうしてくれたからこそ、ポアロのつくり話に乗ったのでしょう。

このことを頭に置いたうえで、映画『マトリックス』の冒頭近くの場面を引用してみたいと思います。ただし、残念ながら字幕でも吹替でも（ＡＭＡＺＯＮビデオで確認した限り）反映されていない面白さなので、私のほうで訳して紹介することにします。

いい加減すぎて信頼できない

『マトリックス』は、ともに映画監督であるラナ・ウォシャウスキーとリリー・ウォシャウスキーの姉妹が一九九九年に公開したSF映画です。凄腕のハッカーでありながら、どこかこの世界が現実のものと思えないような感覚のなかで生きていたネオという人物が、トリニティとモーフィアスという謎の人物たちの接触を受け、実は自分の生きていた世界が機械によって見せられていた夢に過ぎなかったということを知らされます。本当の現実の世界では機械と人類の戦いの末に人類が敗れ、機械は人類をバッテリー代わりに飼育して、夢を見させながらエネルギーを吸い取っているというのです。ネオは真実を知り、人類の救世主として戦うことになります。

さて、問題の場面はネオが最初に登場するところになります。まだ真実を知らないころのネオですね。部屋を訪ねてきたチョイという人物に、依頼されていたデータを渡したあとのやり取りです。

チョイ　ハレルヤ！　あんたは救世主だ。俺にとってはイエス・キリストだね。
ネオ　それを使って捕まったときには……
チョイ　わかってる。何もなかったし、あんたは存在しない。
ネオ　そうだ。

（『マトリックス』）

注目してほしいのは、「何もなかったし、あんたは存在しない」です。原語では「This never happened, you don't exist」です。どうでしょう？　いや、いくらなんでも適当すぎないかと感じませんか？　確かにネオとしては、ネオが関わっていないという約束事をここで改めて確認したかったわけで、チョイは望み通りのコミュニケーションをしてくれたわけですが、ポアロの手の込んだ説明と比べて、「あんたは存在しない」は大雑把すぎて不安になります。心なしかキアヌ・リーヴス演じるネオのその直後の表情も、なんとも言えないものに見えます。

そんなわけで、チョイはそこまで出番のある役ではないのですが、このあたりのちょっとした台詞で軽薄さや信頼できなさなどが感じられるわけですね。『オリエント急行の殺人』

のラストと同様に、間違っているとわかっている内容のコミュニケーションをあえてするという場面ではありますが、そのコミュニケーションをどのようにおこなうかによって、その人物の性格や感情を見て取れたりします。

この台詞、私は「適当すぎない？」というところも含めてけっこう好きなのですが、字幕では「This never happened, you don't exist」をまとめて「あんたのことは話さねえよ」となっていたり、吹替だと「ああ、おめえのことは話さねえ。心配するな」となっていたりして、英語で聞くよりも若干しっかりしていそうな雰囲気になっています。字幕も吹替もたくさんの制約のなかでつくられていると思うので仕方ないところかと思いますが、ちょっと寂しいですね。興味の湧いたかたはぜひ確認してみてください。映画そのものも、この原稿を書くために見返したのですが、いま見てもすごく面白いです。

自分自身に言い聞かせる

間違っているとわかっているコミュニケーションのバリエーションとして、自分で自分に間違っているとわかっていることを言い聞かせる、というものもあります。

ちょっとややこしいですが、これまでコミュニケーションとして取り上げてきたのは、誰かが別の誰かに発言をするという例ばかりでした。ですが、私たちが普段発言をおこなうときって、必ずしもほかの誰かに向かってばかりではないですよね。

私は子どものころ大変に憶病で、ひとりでいるとすぐに幽霊が現れるのではないかとか、事件に巻き込まれるのではないかと怯《おび》えるような性格でした（それ自体はいまもあんまり変わっていませんが……）。そんなわけで、ひとりで留守番をしているときなどは怖いと感じることが多くて、自分に「大丈夫、大丈夫」と言い聞かせたりしていたことがあります。これって、私は話し手でもありながら、同時に自分を聞き手とも見なして発言をおこなっていることになりますよね。自分で自分に向けてコミュニケーションをしていたわけです。

そうした自分で自分に向けたコミュニケーションのなかには、自分でも間違っているとわかっているような内容を伴うものもあります。「どういうこと？」と思われるかもしれませんが、例を見たらすぐにピンと来るかと思います。

ここで取り上げたいのは山内尚《やまうちなお》の『クイーーン舶来雑貨店のおやつ』（秋田書店、二〇二二年）です。「クイーーン」と呼ばれる祖母の旅行中に輸入雑貨店を預かることになった主人公ジャックが、住み込み店員のカオルとともに雑貨店を訪れるお客さんを素敵なお茶とお菓子でもてなすお話です。

ジャックさんはノンバイナリー、カオルくんはトランスジェンダーの男の子で、やってくるお客さんもいろいろな事情を抱えているのですが、そんなひとたちが自然と過ごせるような素敵な空間が描かれていて、読むとほっとするような作品です。もし「なんだかどこにも居場所がない」と感じているかたがいまこの本を読んでいたりしたら、ぜひいちど手に取ってみてほしいです（ただし電子書籍のみでの販売となっているので、ご注意を）。読むたびに、こんな空間で暮らしたいなと思うとともに、こんな場所をつくりたいなとも思います。

さて、この作品のなかで、香川さんというお客さんが雑貨店にやってくる話があります。香川さんは奨学金の返済に追われつつ、身寄りがないために将来の貯金もしようとして、かなり切り詰めた生活をしながら働いた結果、無理がたたって仕事できなくなってしまったというひとです。

そんな香川さんが病院帰りに雑貨店の前を通りかかるのですが、節約が染みついている香川さんはお店に入る気になれず、遠巻きに眺めるだけ。ところがそこで、水まき中のジャックさんが香川さんに水をひっかけてしまい、香川さんはお店に連れていかれることになります。

ジャックさんの出してくれたビスケットを食べながら、香川さんはかつて会社の同僚と交わした会話を思い出します。〔　〕内は手書き文字で吹き出しの外に書かれている台詞です。

同僚　香川さん今度のお休みお茶しにいきませんか
香川　あたし今節約中でそういう余裕ないんで〔きっぱり〕
同僚　それは……お誘いしてすみません〔ほんとにすみません〕

（山内尚『クイーン舶来雑貨店のおやつ』）

気になるのはこの会話自体ではなく、この会話があった日の帰宅後の香川さんのひとりごとです。

香川　なんであたしなんか誘うんだろ〔楽しくもないだろうに〕

（同前）

この発話は誰もいないところでなされました。香川さんはこれによっていったい何をしているのでしょう？

山内尚『クイーン舶来雑貨店のおやつ』/©山内尚（秋田書店）2022

「楽しくもないだろうに」と付け足しつつ「なんであたしなんか誘うんだろ」と言っている以上は、香川さんは自分で自分に〈同僚は本当に一緒に過ごしたくてお茶に誘っているわけではない〉と伝えていると読み取れます。でも、なぜわざわざそんなひとりごとを言うのでしょう？

香川さんが同僚に抱いていた感情が鍵になりそうです。実はこの回想が始まる箇所では、香川さんはこの同僚のことを「隣の席に座ってたあのひと　雰囲気が好きだった」と思い出しています。香川さんが好感を持っているひとだったんですね。そして回想が終わるところでは「あのときそのへんで買ったビスケットでもいいから一緒にかじってたら仲良くなれたのかもしれない」とも述べられています。

香川さんは本当はその同僚と仲良くなりたかった。「雰囲気が好きだった」という以上は当時から自分のその思いについてはわかっていたし、だからこそいまなおそのときさっぱり断ってしまったことを後悔しているのでしょう。そしてそんなふうに好きだと思える雰囲気を持った同僚なわけですから、そのひとが、わざわざ単なる社交辞令でお茶に誘ったりしているわけではなく、本当に香川さんと過ごしたいと思ってくれていたのだ、ということもわかっていたのではないでしょうか？

カオルくんとの会話のなかで、香川さんは「お店で好きな服見つけても買えないからケチつけたり避けたりして」と語ります。節約のために、本心ではないことをわざわざ自分に言い聞かせる習慣が香川さんにはあるのですね。きっと「なんであたしなんか誘うんだろう」も同じような心境で発せられたのでしょう。

こうした状況で、香川さんは自分でも間違っているとわかっているような内容を持つコミュニケーションを自分に向けておこなっています。それによって、香川さんのなかには自分自身との約束事が形成される。約束事が形成されてしまえば、たとえそれが本心とはずれていたとしても、その約束事に従って行動する理由が得られます。香川さんはそのようにして、自分の実際の心理とは異なる振る舞いへと、自分を方向づけようとしていたのです。

こうした発話自体はそんなに珍しい現象ではないかと思いますが、コミュニケーションという観点から見ると『オリエント急行の殺人』の例と同じことが起きているのだと言われると、ちょっと面白い気がしませんか？

自分で自分に向けた言葉を否定する

さらにひねりを加えた例としては、ヤマシタトモコの『HER』（祥伝社、二〇一〇年）に出てくる花河まみという女性の心のなかでの言葉があります。『HER』は、さまざまな女性が表に出せずにいる胸のうちの本音をさらけ出す瞬間を切り取るような連作短編集です。

この花河さんは、いかにも可愛く、お人形さんのようで、男性たちから愛される外見の女性です。他方で、自分とは違う、男に愛されるということに強い関心を持たず、前向きに仕事に取り組んでいるような女性には強いコンプレックスを抱いてもいます。花河さんは、自分とは正反対の本美優という女性に出会ってから、繰り返し自分のなかで次のようなやり取りをしています。

はじめから　はじめからキライでした　…嘘　とてもすきでした

（ヤマシタトモコ『HER』）

そもそもキライなのです　女というやつが　…キライです

（同前）

…はじめから　はじめからキライでした　一目見てわかった　あたしにないものを全部持ってる人　あたしは　あたしは絶対この人をすきになってしまう　あなたが　あなたがすき　あなたが欲しいと言ったかわいい顔なんていらない　あたしはあなたのような女の子に生まれたかったのです

（同前）

あなたがすき　すきです　本当は仲良くなりたかったです　大すきでした

（同前）

花河さんは自分で自分に向けてコミュニケーションをおこない、〈私は自分が本美さんを嫌っていると思っている〉という約束事をつくりあげようとします。けれど、話し手がつくろうとする約束事を聞き手が拒絶することがあるように、自分でそれを拒絶し、〈私は自分が本美さんを好いていると思っている〉という約束事を再提案しています。そのあいだで、ずっと揺れているのですね。本心では惹かれていて、それを覆い隠すような仕方で間違っているとわかっている内容を伴ったコミュニケーションを自分に向けておこなおうとしている、けれども自分自身がそれによってもたらされる約束事を拒絶してしまう。

こうした例も、ただの混乱した心理を語っているものとしてではなく、花河さんの本心と、花河さんが自分の振る舞いをどういったことに適合させたがっているのかということと、それらのあいだの衝突を描いているものとして、言いかたを変えると、ちょうどポアロとブークやコンスタンティンのあいだで、どのような約束事を形成するかについて初めは言い合いがあったのと同じようなことが、個人のなかで起きている様子の描写として捉えることができそうです。

本当に正しいと思っていることと、そのひとが形成したい約束事がずれることで生じるコミュニケーションというのは、そのずれによってさまざまなドラマを描くことができるので、このようにさまざまに姿を変え、たくさんのフィクション作品に姿を現します。それらしいやり取りを見かけたら、ぜひいちどじっくりとどういうコミュニケーションになっているのかを考察してみてください。きっと、これまで言語化できていなかったその場面の素敵さを、少し言葉にしやすくなると思いますよ。

第四章　伝わらないからこそ言えること

伝わらない言葉だからこそ

第二章と第三章では、コミュニケーションがさまざまに姿を変えてフィクション作品に現れる様子について語ってきました。第二章ではわかり切っている内容をあえてコミュニケートするという状況を取り上げ、第三章では間違っているとわかっている内容をあえてコミュニケートするという状況を取り上げたのでした。

これまでのふたつの章で扱ってきた例では、コミュニケーションは成功していました。きちんと話し手の伝えていることが聞き手に伝わり、その結果として約束事が生じる。そうした例を想定したうえで、その約束事がどのように形成され、そこにどのような心理や人間性が現れるのかといったことを語ってきたわけです。

でも、当然のことながらコミュニケーションは成功するとは限りません。話し手は何かを伝えているのに、聞き手にはそれが伝わらない場合というのはよくあります。それだけではありません。ひとはときに、聞き手に伝わらないと思っているからこそ何かを伝えるという、一見すると不合理にも思える発話をおこなうこともあるようです。

この章では、聞き手に伝わらないと思っているからこそ話し手が何かを言うという例を、いくつかのフィクション作品から取り上げて、なぜひとはそのような不思議な振る舞いをするのか、そのことにどういった意味があるのかといったことを論じていきたいと思います。

伝わらないと思っているからこそ伝えられる例というのも、ちょっと聞くだけではピンと来ないかもしれません。まずは具体的な場面を見てみましょう。

今回は、横田卓馬《よこたたくま》の漫画『背すじをピン！と～鹿高競技ダンス部へようこそ～』（集英社）を取り上げたいと思います。ちょっとタイトルがこのままだと長いので、以下では『背すじをピン！と』とだけ書くことにしますね。

『背すじをピン！と』は二〇一五年から二〇一七年にかけて『週刊少年ジャンプ』で連載されていたスポーツ漫画です。『週刊少年ジャンプ』のスポーツ漫画って、アニメや映画になったような有名作品がたくさんありますよね。『キャプテン翼』『スラムダンク』『ルーキーズ』『テニスの王子様』『黒子のバスケ』『ハイキュー!!』など。ぱっと思いつくのは球技を扱った作品ばかりなこともあって、なんとなく球技漫画が多い気がしますが、そんななか『背すじをピン！と』は一風変わった競技を題材にしています。タイトルにも入っているように、競技ダンスがテーマとなっています。

物語としては、かなり王道スポーツ漫画らしい導入から始まります。地味で大人しい男の子が高校の部活動紹介で格好よく踊る先輩たちの姿を見てそれに憧れ、競技ダンス部に入部する。同級生に同じく大人しいけれど競技ダンスに興味を持った女の子もいて、このふたりでペアを組むことになっていきます。

少し珍しいなと思わせられるのが、最初は素人だった主人公が才能に目覚め大活躍し……、というのが王道に思われるこのジャンルにおいて、この漫画だと主人公たちは最後まで一線級にはならず、それでも心から競技ダンスを楽しむさまが描かれるというかたちになっているところだったりします。代わりに、最前線でのバトルは先輩たちが繰り広げることになっていて、初心者目線でダンスの楽しさを知っていくパートと上級者たちの火花飛び散る熱いダンス対決とを一作で同時に楽しめる、面白い漫画となっています。

とはいえ、ここで注目したいのは残念ながら主人公たちでも、その先輩たちでもありません。主人公と同学年でありながらトップクラスの人々と競り合う実力を持つ御木清斗《みききよと》という男の子と、そのパートナーであるターニャという女の子の会話に、実に面白いものがあるのです。さっそく見てみましょう。以下では、〈　〉で括っている部分はロシア語での会話ということになっています。

ターニャ　〈ミヤダイクン・とカシワサン・は急に上手くなったわね〉
御木　〈…うん…　そうだね〉
ターニャ　〈前は私たちの方が全然上だったわ〉
御木　〈あはは　ターニャ…っ　そんなはっきり…〉
ターニャ　〈でもそうでしょ？〉
御木　〈っ………〉
ターニャ　〈キヨトって良い子よね　でも少し退屈だわ〉
御木　〈う…　ごめん…〉
ターニャ　〈思ってること言ってみたらどう？　聞かれるのがイヤなら日本語でもいいわ〉
御木　〈日本語でか…〉〔それなら　まあ…〕
ターニャ　〈うん〉
御木　…高校《ユース》に上がってから…　一回も優勝《か》てない…　土井垣さんたちや金龍院さんたちに負けるのはまだ…　納得…できるんだけど…　宮大工《みやだいく》くんに負けたの…　あれは

…けっこうこたえた… だってずるいだろう 宮大工くん! 背高いし 手足長いし
思いっきりダンサー体型で!! でもダンスは僕らのが上だったから…! だからっ
…! 嫉妬しなくて… 済んでたのに… ターニャ… 僕のこと良い子だって言った
けど… 実は超負けず嫌いだし… 負けたら心の中でふてくされてる… 本当は宮大
工くんにだって 誰にだって 負けたくないんだ 自分が一番だって…本当は思って
る…から…

ターニャ〈終わった?〉

御木〈あ、うん、ごめん! あはは ごめんね 日本語だからホント わけわかんな
かったでしょ…! でもありがと 声に出して言ったら ちょっとスッキリしたよ!〉

(横田卓馬『背すじをピン!と』⑧)

私たちはどうしても、コミュニケーションというのは相手に何かを伝えるためのもので、そして私たちが何かを言ったりするのはそうしたコミュニケーションを起こすためなのだと思い込みがちです。でも、そうした観点からすると、ここでの御木くんの発言は、とても奇妙なものに思えます。

横田卓馬『背すじをピン！と』⑧/集英社

横田卓馬『背すじをピン！と』⑧/集英社

横田卓馬『背すじをピン！と』⑧/集英社

少しバックグラウンドを補足します。御木くんは中学生大会でのチャンプで、穏やかな人柄ながら、周囲からも実力を高く評価され、本人もダンサーとしてのプライドを持っているひとでした。高校で新たなパートナーとしてロシアから来たターニャと組むことになり、慣れないロシア語を勉強しながら練習に励んでいます。

しかし高校でのトップクラスの人々には勝てないのですよね。壁にぶつかってしまう。台詞のなかで出てくる宮大工《みやだいく》くん（ターニャは音をおぼえ間違えて「ミヤダイクン」と呼んでいます）というのは、もとは御木くんよりも少し評価の劣る、身体能力はあるはずなのにぱっとしないところのあったダンサーですが、作中で生き生きとした感情表現に目覚め、一気に上位層の仲間入りをする展開があります。御木くんはとにかく優しい子なので激しい感情を表に出すことはあまりないのですが、それでももやもやは抱えていた。そしてここで初めて、胸のうちに積もっていたものを吐き出しているわけです。

なぜ内言で留めないのか

で、本題に戻りますが、いったいこの発言によって、御木くんは何をしているのでしょう？　相手に伝わらないとわかっているからこそなされる発言なんて、それこそ「コミュニケーションとは話し手が知っている情報を聞き手に受け渡すもの」というバケツリレー式コミュニケーション観では説明のつかない、ただただ不合理なものに思えますよね。

でも多くのひとは心情としてこのようなことがしたくなる場面があるというのはわかっているはずで、だからこそこのようにフィクション作品に登場するのでしょう。だったらそこには、単に不合理な振る舞いであるというのとは違った、しっかりした意味や理由があるはずなんです。それがいったい何なのか、探っていきましょう。

まず気に留めておいてほしいのは、もし本当に誰にも伝わらない発話で済ませることができたなら、同じ場面で御木くんは頭のなかで独白をするだけでもよかったはずだということです。ターニャに聞こえないように何かを言うだけであれば、わざわざ声に出して日本語で言う必要さえなかったはずなんです。けれど、そうはしなかった。頭のなかで独白するだけで済まさず、ターニャに理解できないと考えられる日本語で発言することを選んだわけです。つまり、御木くんが日本語で発言をおこなったとき、それは本当にほかの誰にも伝わらない頭のなかの独白とは別の何かとしてなされていた、と言うことができます。

頭のなかでの独白のことを「内言《ないげん》」と呼んだりします。果たして、相手に伝わることのない内言をおこなうことと、相手に伝わらない言語で発言をおこなうこと、この両者はいったいどこが違っているのでしょうか？

重要なのは、内言はその特性からして原理的に自分以外の誰にも伝わることがあり、え、な、いのに対し、相手の知らない言語での発言は、「仮に相手がその言語を知っていたとしたら」という可能性を想定することが許されるものとなっている、という点です。この違いが何を生み出すかというと、内言はあくまで自分で自分に向けておこなう発話となっていて、聞き手は自分自身と想定されざるをえないのですが、相手の知らない言語での発言は、たとえその発言を相手が理解せず、それゆえコミュニケーションが成功しないことが運命づけられていたとしても、それでもなおあくまで相手を聞き手としてなされるものとなるのです。

第三章で、自分を相手にしたコミュニケーションもコミュニケーションの一種だという話をしました。それによってひとは、自分のうちでの約束事を形成することができます。内言がなされるときにはそうしたことがおこなわれると考えられます。

仮に先に挙げた場面で、御木くんが日本語で言ったのとまったく同じ内容を内言で語っていたとしたらどうなるでしょう？　御木くんは自分自身に自分の抱え込んでいる悔しさや宮大工くんに向けている複雑な感情を語ることになります。そのとき、ここが重要なところですが、そのコミュニケーションは成功することになるでしょう。御木くんは〈僕は自分が悔しがっていると思っている〉といった約束事を自分自身で形成することになり、その約束事を維持するならば、この約束事に照らして行動を選んでいくことになるでしょう。

おそらく、それは御木くんが望んでいることではなかったのだろうと思います。御木くんは自分がそのような感情を抱いていることを内面で明らかにすることさえ、よしとしてはいなかったのではないでしょうか？

御木くんが語っていることのなかには、悔しさのような比較的爽やかな感情もありますが、それとともに宮大工くんへの嫉妬や、かつて宮大工くんをどこか下に見ていたところなど、自分でも認めたくはなかったのではないかという心情も含まれています。内言でそれを語り、自分で自分へのコミュニケーションを成功させてしまったら、御木くんは自分のその気持ちを意識的な約束事のレベルに引き上げてしまうことで、その気持ちとひとりで向き合わなければならなくなってしまいます。御木くんはそれを避けようとしていた。だからこそ逆説的に、ここまでこの気持ちをため込んでしまったのではないでしょうか？

伝えたくはないけれど……

第三章で取り上げた『ＨＥＲ』で描かれているように、内言というコミュニケーションがうまく成功せず、約束事がうまく形成されないような場合もあると言えばありますが、何せ発言するのも自分、受け取るのも自分なわけですから、たいていの場合はコミュニケーションは成功し、自分のうちで約束事が形成されることになります。胸のうちで、自分で自分を励ましたり、何かを言い聞かせたりする場面では、そうしたことがなされているのでしょう。これに対し、伝わらないとわかっている発言は、おそらくはそれが成功しないということ、ほとんど失敗が運命づけられているということに特徴があります。

御木くんとしては、きっと自分の悔しさにも、宮大工くんへの嫉妬やかつて宮大工くんを下に見ていたという事実にも、今後ともコミットしたくはない、それに気づかなかったふりをして今後もやっていきたいという気持ちがあったのではないでしょうか。だとしたら、内言によってさえ、それを語ることは憚《はばか》られたことでしょう。でも、同じような経験をしたことがあるひとは少なくないと思うのですが、自分でもはっきりと意識しないままに、けれどもどこか直観的なレベルで理解してしまっている自分の感情を内言にさえせずに、ずっとそれから目を逸らし続けるというのは、自分でない自分を演じ続けているようで辛いものです。

約束事のレベルにはしたくない、けれども目を逸らし続けるのも辛い、この板挟みにおいて、失敗を運命づけられているコミュニケーションというのは、このうえなく最適な選択肢だと思いませんか？　まるでそれによって形成されることになる約束事を引き受ける気があるかのように振る舞い、語れずにいた気持ちを語る、けれどその約束事が本当には形成されることはないから、ここでいちど語るだけで終わりにすることができて、以後はそんな気持ちをなかったかのように過ごせる。ちょっとだけ、「王様の耳はロバの耳」と誰にも聞かれていないところで叫ぼうとしたひとの話を思い出しますね。

他方で、御木くんはあくまでターニャがいる場所で、ターニャに向けて語るということを選んでいます。「王様の耳はロバの耳」のお話のように本当に誰もいないところで発言をするのでもよかったはずですが、そうはしなかった。ここにはもうひとつ、独特な心情が反映されているように思います。

ターニャに日本語が伝わらないことはわかっている。けれども、そのターニャの前で、日本語で自分の気持ちを語るとき、御木くんはどこかで、仮にターニャが日本語を理解し、コミュニケーションが成立して約束事が形成され、しかもそれによってターニャが御木くんを軽蔑したりせず、一緒にその気持ちを抱えてくれるようなことが起こったなら……、という願望というか、空想のようなものを抱いていたのではないでしょうか？

御木くんは、実は登場して間もないころから、ターニャに恋をしているような様子や、ターニャの前で格好をつけているような様子を見せています。だからこそ、自分がはっきりとターニャに通じるロシア語で気持ちを語り、〈御木は自分が宮大工に嫉妬していると思っている〉といったことをターニャとのあいだでの約束事にしてしまい、ターニャがそれを前提とした言動をすることを恐れていたのではないかと思います。でも、そういう相手に「もし可能なら本当の気持ちを知ってほしい、そして一緒にそれを抱えてほしい」と思ってしまうのは、甘えではあるかもしれませんが、理解できる感情ですよね。

内言で済ませることもできなかった。そしてターニャもいないひとりぼっちの場面での発言で済ませることもできなかった。御木くんは、ターニャの前で、ターニャに向かって、ターニャに伝わらない日本語で自分の気持ちを語ることを選びました。そこにはここまでで述べたような複雑な気持ちがあったと考えられます。これが、コミュニケーションは約束事を形成するものだという観点を採用して見えてくることとなります。

ところで、このあと御木くんとターニャはどのような会話をしていくのでしょうか？　実は、先ほどのシーンの直後に、ターニャが御木くんの語った日本語をいくらか理解していたこと、そのため御木くんの打ち明けた心情についても知ったということが明かされます。そのうえでターニャはロシア語で「そういう気持ち　隠すことないわ　それが力になることだってあると思う　それに私はキヨトがどんなキヨトだとしても　嫌いになることなんてないもの」と語り掛けます。

御木くんは、自分の気持ちを語り、それをターニャとのあいだでの約束事になんてしたくなかった、けれどその一方で、そのコミュニケーションをし、約束事を形成したうえでターニャが受け入れてくれたならという願望もあった、と述べました。結果は、不意討ちのようなかたちで、御木くんの願望が叶うことになり、悔しさや嫉妬もエネルギーに変えて、ふたりは最高のダンスをすることになります。

「聞かないけどね」の安心

伝わらないからこそ語れる……と思っていたらそれが伝わっていて、そしてそうあってほしかった関係が実現する。なかなか現実ではそこまで都合よくは進まなそうな展開ですが、フィクションではけっこうよく見かける粋《いき》なやり取りですよね。なぜこういう会話が印象的な場面を作り出すのか、ここまでの話で少し見通しやすくなったのではないでしょうか？

伝わらないからこその語りは、こんなふうにその語りをするひとがなぜそうするのか、あるいはなぜほかの仕方では語ることができないのかということを想像させ、繊細にその心理を表現できることもあってか、フィクションではさまざまなかたちで描かれます。個人的にこの点で特に印象的なのは、鎌谷悠希《かまたにゆうき》の漫画『しまなみ誰《た》そ彼《がれ》』（小学館）です。『しまなみ誰そ彼』は二〇一五年に『ヒバナ』で連載が始まったのち、同誌の休刊とともに連載の場をオンライン媒体の『裏サンデー』に移して、二〇一八年に完結した漫画です。ほかにあまり似た作品のない、個人的には傑作と言ってもいい作品だと思っています。

舞台は広島の尾道《おのみち》。たすくという高校生の男の子が、ゲイ向けのポルノ動画を見ているとクラスメイトに知られたことから物語が始まります。たすくくんはゲイなのですが、そのことを周りに知られることを非常に恐れていて、ポルノ動画の件を持ち出されたときにとっさに自分はゲイではないと否定し、「バカじゃねーのホモなんて。きもいわそんなの」とまで言ってしまいます（『しまなみ誰そ彼』①）。

私もトランスジェンダーであることをいちおうおおやけにしている身なので、自分の経験に照らしつつ言うと、こういうのって本当に苦しいのですよね（もちろんゲイとトランスジェンダーではずいぶんいろいろなことが違うと思うので安易に同一視するのもよくないのですが）。ただ単に自分の本当の姿を隠すというだけでなく、わざわざ自分たちを「気持ち悪い」などと言ってけなすことで、周りのひとに「私はあなたたちの仲間の側にいるのですよ」というアピールをしてしまうわけなのですが、その言葉は結果的に自分に向かってしまうので、自分で自分の存在を否定することになってしまう。それが積もり積もると、だんだんと本当に「私みたいなのは存在してはいけないのではないか」みたいな気持ちにとらわれたりします。私もかなり長いこと、その気持ちに苦しみました。

『しまなみ誰そ彼』のたすくくんも、周りにバレてしまったという恐怖と、自分で自分を否定してしまう気持ちとにとらわれて、「飛び降り自殺をしようとしてしまいます。けれど、そこで「誰かさん」と呼ばれる正体のわからないひとに出会い、「誰かさん」の持ち家で運営されている「談話室」という場所に導かれることになります。そこにはレズビアンのカップル、高齢のゲイ、女装の中学生、トランスジェンダーの青年などいろいろな性的マイノリティの人々がいて、「誰かさん」自身もアセクシュアルで、たすくくんはそこにいる人々と一緒に過ごしながら、少しずつ自分自身を受け入れていく。『しまなみ誰そ彼』はおおよそこうしたストーリーの漫画です。

この物語自体も素晴らしいのですが、でも本書で注目したいのはそこではありません。「誰かさん」の特異な会話の仕方に目を向けたいと思います。以下は、飛び降り自殺をしようとしていたたすくくんが「誰かさん」に出会い、そのあとを追って長い階段を昇ったあとの場面です。

誰かさん　登り慣れてないね。
たすく　…春に下の町に越して来たので。
誰かさん　なんでも話して。聞かないけど。
たすく　えっ。
誰かさん　聞かないけどね。食べたら帰るから。

（鎌谷悠希『しまなみ誰そ彼』①）

この「聞かないけど」が大事なところです。実のところこれは「誰かさん」の口癖のよう

鎌谷悠希『しまなみ誰そ彼』①/小学館　©鎌谷悠希/小学館

鎌谷悠希『しまなみ誰そ彼』①/小学館　©鎌谷悠希/小学館

に、繰り返し出てくる言葉となっています。「誰かさん」は苦しんでいるひとのもとに現れては、「なんでも話して。聞かないけど」と毎回のように言うのですね。
これを聞いたたすくくんは、激しく緊張しながらも打ち明けます。

たすく　誰にも、言えない…秘密があるんです。「違う」って言えばいいだけなのに、自分が言われて一番傷付く言葉を使ってまで、その秘密を守ろうとした。でも、あれで本当に秘密は守れたの？　ばれてない？　ばれた後の世界なんて、地獄だ。［引用者注：ここでたすくくんは「そういうの俺、絶対無理」というクラスメイトの言葉を思い出します］…あ、明日、その場所に確かめに行かなきゃ…いけない。明日がいつもの明日か地獄の、始まりか――

（同前）

このあたりの感覚は、ひょっとしたらピンと来ないというひともいるかもしれませんが、どうしてこんなに怯えるのかといったことについては、松岡宗嗣《まつおかそうし》『あいつゲイだって　アウティングはなぜ問題なのか？』（柏書房、二〇二一年）などをご覧ください。ともあれ重要なのは、たすくくんにとって、この気持ちを語ることさえ非常に重大で、覚悟のいることであったということです。

『背すじをピン！と』との微妙な違いも注目してほしいところです。『背すじをピン！と』の例の場面では、御木くんは自分の発言がターニャに理解されないと思って発言していたのですね。でも、ここでたすくくんは「誰かさん」に理解される言葉を自分が話しているということをわかっているはずです。つまり、理解されないと思っていて話している、というのではないわけです。

でも、「誰かさん」は明らかに聞こえるし理解もできるはずの発言について、「聞かないけど」と言うのですね。これ自体が一個のコミュニケーションとなります。「誰かさん」が「聞かないけど」と言って、その発言をたすくくんが受け入れたとき、ふたりのあいだでは〈「誰かさん」は自分が話を聞かないと思っている〉という約束事が発生します。一般的に、自分のこれからの行為について「こうしようと思っている」と言えるなら、思っている通りにするものでしょうから、この約束事は実質的に〈「誰かさん」は話を聞かない〉という約束事ということになります。

これは第三章で扱った、事実ではないとわかっているけれど、あえてなされるコミュニケーションの一種ですね。「誰かさん」が聞くことはわかっているけれど、このコミュニケーションを受け入れることで、〈「誰かさん」は聞いていないのだ〉という約束事のもとで、実際には聞かれている発言を、さも聞かれていないかのようにおこなうことができるようになる。この約束事が、本当は聞かれている発言を、聞かれないとわかっている発言へと変質させて、たすくんが自分の気持ちを語れるようにしているのですね。

話を聞かないで聞いてくれる。しかも「誰かさん」は、わりと気ままに〈誰かさんは話を聞かない〉という約束事に従ったり破ったりします。引用した会話のあとには、さも話を聞いていたようにたすくんに「談話室」の話をし、そこにはゲイのひとたちもいると述べたりしますが、別の場面では話を聞いていないような素振りを続けたりと、そのときどきでばらばらです。

約束事を破っているわけですから、たすくんには「聞かないんじゃなかったんですか」と非難する権利もあるところなのですが、そうはしません。おそらく、たすくんにとっても〈「誰かさん」は話を聞かない〉という約束事を破ってほしい場面だったのでしょうね。このあたりの、気ままなようで、しかし繊細なようで、という会話の仕方が、「誰かさん」という人物の魅力になっています。

ともあれ、コミュニケーション論的観点からは、『しまなみ誰そ彼』の「誰かさん」は、いったん「聞かないけど」というコミュニケーションをおこなうことで〈「誰かさん」は話を聞かない〉という約束事を相手とのあいだに成立させ、その約束事を利用して実際にはちゃんと伝わっている発言を「伝わらないからこそ、おこなえる発言」にしてしまい、その特異な会話の仕方が多くの性的マイノリティたちが自分のことを語れる場を作り出していると言えそうです。私から見ても「こういうひとと出会いたかった」と思えるようなキャラクターなんですよね。

その場にいないからこそ

伝わらないからこそなされる発言には、別のバリエーションもあります。『背すじをピン!と』や『しまなみ誰そ彼』には、相手がその場にいる状態で、でも相手に伝わらない(という約束事になっている)発言をするという例が見られるのでした。それとは別に、相手がいない状態で、でもだからこそなされる発言というものもあります。

有名な例としては、何と言っても次のものが挙げられるでしょう。

ジュリエット　ああ、ロミオ様、ロミオ様！　なぜロミオ様でいらっしゃいますの、あなたは？
あなたのお父様をお父様でないといい、あなたの家名をお捨てになって！
それとも、それがおいやなら、せめては私を愛すると、誓言していただきたいの。
さすれば、私も今を限りキャピュレットの名を捨ててみせますわ。
ロミオ　（傍白）黙って、もっと聞いていようか、それとも声をかけたものか？
ジュリエット　仇敵《かたき》はあなたのそのお名前だけ。たとえ、
モンタギュー家の人でいらっしゃらなくとも、あなたにはお変りはないはずだわ。
モンタギュー――なんですの、それが？　手でもなければ、足でもない、
腕でもなければ、顔でもない、人間《ひと》の身体についた、どんな部分でも、
それはない。後生だから、なんとか他の名前になっていただきたいの。
でも、名前が一体なんだろう？　私たちがバラと呼んでいるあの花の、
名前がなんと変ろうとも、薫りに違いはないはずよ。
ロミオ様だって同《おんな》じこと、名前はロミオ様でなくなっても、

あの恋しい神のお姿は、名前とは別に、ちゃんと
残るに決まっているのですもの。ロミオ様、そのお名前をお捨てになって、
そして、あなたの血肉でもなんでもない、そのお名前の代りに、
この私のすべてをお取りになっていただきたいの。
（中野好夫訳『ロミオとジュリエット』）

シェイクスピアの『ロミオとジュリエット』ですね。モンタギュー家とキャピュレット家が敵対し合っているなかで、モンタギュー家のロミオとキャピュレット家のジュリエットが運命的な出会いを果たし、恋に落ち、けれど家同士の敵対関係がこじれてその恋をおおやけにすることができず、悲劇的な結末に向かっていくというお話です。

引用したのは、ロミオと出会ったあと、ジュリエットが自らの気持ちをバルコニーで語っている場面です。ロミオもジュリエットのことが忘れられず、たまたまそのタイミングで忍びこんでいたのですが、ジュリエットはそのことを知らずに誰もいないバルコニーで語っています。

『背すじをピン！と』の例を挙げたときに、伝わらないとわかっていてなされる発言の際に

は、「仮に伝わったとしたら」という願望が伴っている可能性があるという指摘をしました。こうした、相手がいないと思っていて、だからこそなされる発話には、特にその側面が強いように思います。

ジュリエットからしたら、ロミオがいるときにこんなことはなかなか言えないわけですよね。相手に家を捨てろと言い、自分も家を捨てると言っている以上、このコミュニケーションが成立したときにふたりのあいだで成立する約束事は、〈ジュリエットは自分が自らの家を捨てる気があると思っている〉とか、〈ジュリエットは自分がロミオに家を捨ててほしいと思っていると思っている〉みたいなことになり、自分が思っていることに関して基本的に勘違いすることはないとしたら、これは要するに〈ジュリエットは家を捨てる気がある〉、〈ジュリエットはロミオに家を捨ててほしいと思っている〉という約束事になります。ロミオも同じような宣言をしたとしたら、かなり大きな帰結を持つ約束事ができることになりますよね。

そのことを考えると、ジュリエットはロミオがいないと思っていたからこそ、引用した発言ができているのだと考えられます。でもそれとともに、先に述べたように、それは「仮にこれがロミオに伝わってくれたなら」という願望も入り混じったものになっていることでしょう。そうでなく単に自分の感情を確かめるだけなら、内言で済ませてもよかったのです。それをはっきりと言葉にしたとき、それは内言ではなく、ロミオとのコミュニケーションの試みとなります。もちろん、ジュリエットはその試みが失敗するとわかっているからそれを試みることができるのですが。

ただ、引用箇所からもわかるように、偶然にもロミオはジュリエットのこの言葉を聞いてしまいます。そこで知らないふりをして立ち去ったならば、コミュニケーションが成立して約束事が生まれるというところには至らなかったことでしょう。でも、ロミオはジュリエットの言葉を聞き、自らそれに答えてしまいます。

ロミオ　お言葉通り頂戴《ちょうだい》しましょう。
ただ一言、僕を恋人と呼んで下さい。すれば新しく洗礼を受けたも同様、
今日からはもう、たえてロミオではなくなります。
(同前)

もしかしたら、ロミオとジュリエットの悲劇は、コミュニケーションが成功してしまった

ことの悲劇だったのかもしれません。ジュリエットの言葉が、ただの叶わない願望とともに発せられた言葉であったなら、ジュリエットはただ自分の切ない心情を吐露《とろ》しつつ、それでもロミオとのあいだでの約束事は形成されないのですから、その心情がなかったふりをして過ごすこともできたでしょう。

でも、ロミオはそこにいてしまった。ジュリエットの言葉を聞き、応答してしまった。ふたりのあいだには、約束事が生まれてしまった。生まれるとわかっていたなら、きっと避けようとしたであろう約束事が。ふたりのそれから先の行動は、その約束事に方向づけられざるを得ません。その遠い彼方に、悲劇が待っていたのでした。伝わらないからこそなされたはずの発言が、思いがけず伝わってしまったからこその展開ですね。

暗号に込められたもの

伝わらないからこそなされたはずの発言が、すぐには本当には伝わらずあとになって伝わるという、時間差の含まれている事例もあります。

近藤史恵《こんどうふみえ》の〈ビストロ・パ・マル〉シリーズというミステリ作品があります。二〇〇七年に出た『タルト・タタンの夢』から始まり、いずれも同じ創元推理文庫の『ヴァン・ショーをあなたに』『マカロンはマカロン』と続いているシリーズで、二〇二一年には『シェフは名探偵』というタイトルでテレビ東京にてドラマ化もされています（これから『マカロンはマカロン』の表題作の真相に関わる話をしていくので、ネタバレなしで読みたいかたは、私があらすじなどを話しているうちにこの本を閉じて、『マカロンはマカロン』を手に取ってください）。

このシリーズは、その名の通り「パ・マル」という名のビストロを舞台にしています。ミステリと言ってもひとが死んだりするようなおどろおどろしいタイプの作品ではなく、いわゆる日常ミステリに当たります。パ・マルのシェフであり、料理の腕と優れた推理力を併せ持つ三舟忍《みふねしのぶ》を中心に、パ・マルに訪れた人々のちょっとした仕草や料理の注文の仕方などから、三舟シェフがその背後にある心理や人間関係を見事に推察し、そうしたひとたちが抱えているものを解きほぐすというお話が集まった短編シリーズです。

そのなかで注目したいのが、第三作『マカロンはマカロン』の表題作です。この短編は、パ・マルに三舟シェフの昔なじみである羽田野鈴子というひとが岸部彩香という若い女性を連れて訪れるところから始まります。羽田野さんは従業員が全員女性というレストランを経営していて、岸部さんはそこのパティシエールを務めています。

詳細はぜひ実際に手に取って読んでみてほしいのですが、ともかく後日このふたりのあいだに事件が起きてしまいます。何かというと、岸部さんが謎めいたメッセージだけを残して行方不明になってしまうんですね。実家に帰ると言って去ったあと、連絡もつかなくなる。困った羽田野さんが三舟シェフに相談する、という流れになります。

岸部さんが残したメッセージとは、何だったのか。岸部さんは焼き菓子の入った箱に「マカロンはマカロン」と描かれたカードを残して去ったのでした。これがいったい何を意味しているのか、ということがこの短編の焦点になります。これは文字によるやり取りですが、こうした例も広い意味では会話として扱うことができるでしょう。

もうネタバレへの注意はしていますので、説明していきますね。実はこれ、私は謎解きの前から岸部さんについての描写などですぐにピンと来ていたのですよね。もともとこの短編集のどこかにそういうひとが出てくると友人から聞いていたというのもありますが。岸部さんはきれいなひとだとも語られていますが、それに加えて、背が高く、声は低め、化粧をしっかりしていて香水も香らせるひととして描写されています。

真相は、岸部さんがオープンにできずにいるトランスジェンダーであるというところにありました。トランスジェンダーであることをカムアウトするのには、まだ性別移行をしていないひとが「これから移行します」と明かす場合と、すでに移行済みで周りからはシスジェンダー（トランスジェンダーでないひと）だと思われているひとが「実はトランスジェンダーなんです」と明かす場合がありますが、岸部さんは後者ができていなかったということになります。人生の途中で女性としての自分のアイデンティティに合わせて生きるようになり、周りからも女性と見なされるようになって、いまや黙っていればトランスジェンダーであるとバレることもない、という状態のようです。

三舟シェフは焼き菓子の正体を見事に解き明かします。それはフランスの特定の地方で食べられている、マカロンの一種なのだと。マカロンと言うとカラフルで可愛らしいものをイメージしますが、実は地味でぱっと見だとマカロンらしくないように思えるマカロンもある。でも、それらはどちらもマカロンなのだ。岸部さんは、「マカロンはマカロン」というメッセージを通じて、地味でただの焼き菓子に見えるマカロンもマカロンであるように、トランスジェンダーである自分もシスジェンダーの女性たちと同じように女性なのだと伝えようとした、三舟シェフはそう推理します。

これはでも、三舟シェフのように料理への豊かな知識を持ち、しかも優れた洞察力も持っているひとがいて、初めて伝わるメッセージですよね。岸部さんが羽田野さんにこのメッセージが伝わると思っていたとは考えにくい。でも、なぜこんなメッセージの出し方をしたのでしょう？

三舟シェフも「……言ってくれればよかったのに」とつぶやく羽田野さんに、「言えないほど、これまで傷つけられてきたのかもしれない」と答えていますが、岸部さんからすれば、自分がトランスジェンダーだとはっきり伝えるのはかなり怖いことだったと推測されます。はっきり伝えたならば、〈岸部は自分がトランスジェンダーだと思っている〉というのが羽田野さんとのあいだでの約束事になります。自分がトランスジェンダーかシスジェンダーかは当然ながら自分がいちばんよく知っているでしょうから、これは実質的に〈岸部はトランスジェンダーだ〉という約束事が羽田野さんとのあいだで生まれ、以後の会話はこれを前提になされる、ということを意味します。

でも、そんな約束事が前提となったとき、羽田野さんはいったい何を言うでしょうか？岸部さんは不安だったはずです。「トランスジェンダーなら本物の女とは言えないから雇い続けることはできない」と言われるかもしれない。そこまで酷くなくても、体について無遠慮なことを聞いていいと思われてしまうかもしれない。いずれも、岸部さんからしたら安心して働ける職場が失われる結果になります。

けれど、黙っていたら自分が抱えている不安も理解してもらえず、結果的にやっぱり安心して働けなくなってしまう。このダブルバインドな状況のなかで、あえて伝わらないとわかっているけれど、ひょっとしたら伝わるかもしれない発言をしたわけです。伝えることの恐怖から、伝わらないとわかっている伝達方法を選んだ。けれど同時に、それが伝わってほしいという願いもあって、何も言わずに立ち去るという方法は取らなかった。この「マカロンはマカロン」という短いメッセージだけで、岸部さんという人間についてたくさんのことが見えてくるような気がしますね。

もういないひとに向けて

伝わらないとわかっていてなされる発言には、ほかにも死者への語りかけというものがあります。もちろんフィクション作品のなかには、シェイクスピアの『ハムレット』のように死者が亡霊として存在する設定があるものもあって、その場合には死者への語りかけは必ずしも伝わらないとわかっていての発言とはなりません。ただ、死んだ者と本当に会話はできないという世界観の作品で、それでもなお死者への語りかけがなされる場合には、それは伝わらないとわかっていてなされる発言の例になってきます。

本章で最後に取り上げたいのは、高橋留美子の『めぞん一刻』(小学館)、その最終盤のある場面です。『めぞん一刻』は一九八〇年から一九八七年に『ビッグコミックスピリッツ』で連載されていた恋愛漫画です。一刻館という古いアパートを舞台に、そこで暮らす浪人生の五代裕作《ごだいゆうさく》と住み込み管理人の音無響子《おとなしきょうこ》の恋愛や、アパートの住民たちとのにぎやかなやり取りが描かれます(この漫画は作中で時間が進んでいく構成になっていて、のちに五代くんは大学生になったり、就職したりします)。響子さんが既婚者であり、惣一郎《そういちろう》さんという夫と死別しているという過去を持っていることが、五代くんとの関係に重大な影響を及ぼしているというところに、特徴があります。

さて、『めぞん一刻』の最終巻、ふたりがこれから結婚しようという段階になってからの話です。響子さんがいまは亡き夫の遺品を広げて涙を流しているのを、五代くんはたまたま見てしまいます。その姿を見て、五代くんは響子さんの心から惣一郎さんが去ることはないのだということを、改めて理解します。

その翌日、五代くんはひとり惣一郎さんの墓を訪ね、語りかけます。

正直言って、あなたがねたましいです…　遺品返したところで響子さん…　絶対にあなたのことを忘れないと思う。…忘れるとか…　そんなんじゃないな…　あなたはもう響子さんの心の一部なんだ…　だけどおれ、なんとかやっていきます。初めて会った日から響子さんの中に、あなたがいて…　そんな響子さんをおれは好きになった。だから…あなたもひっくるめて、響子さんをもらいます。

（高橋留美子『めぞん一刻［新装版］』⑮）

「もらいます」のような言い回しは、いま見るとちょっとジェンダー観が古いようにも思いますが、ともあれコミュニケーション論的には、五代くんがたったひとりで惣一郎さんの墓に話しかけているのがポイントとなります。五代くんももちろん、惣一郎さんが自分の言葉を聞いてくれて、コミュニケーションが成立する可能性があるとは思っていないでしょう。それでも、話しかけている。

相手が死者となると、「相手が自分の言葉を理解したなら」とか「相手がこの場にいたなら」とかといった願望を伴った発言でも、もはやないですよね。五代くんは別に、「惣一郎さんが生きていてこの発言を聞いていたら」だとか、「幽霊がこの場にいて聞いていたら」

高橋留美子『めぞん一刻［新装版］』⑮/小学館

高橋留美子『めぞん一刻［新装版］』⑮/小学館

などといった願望を持って語りかけているわけではないでしょう。相手がどうしようもないくらい不在なのを、どこにも存在しえないことを理解したうえで、「それでももしあなたとコミュニケーションができるなら」という、願望というよりはもはや祈りのようなものとして、語りかけているのでしょう。

死者ほどコミュニケーションの可能性が断たれている相手に、それでも語りかけようというとき、「相手がこの場にいたなら」という単なる願望を超えて、「いることがありえないのはわかっているけれど、それでも……」という祈りのようなものとともに発言がなされるとき、そんなコミュニケーションによって示《し》唆《さ》される約束事は、とりわけ誠実に話し手が希求するものとなっていることが予想されます。五代くんは、そのなかで惣一郎さんを心に住まわせたままの響子さんを愛することを語ったわけです。

死者への語りかけは、しばしばこのように話し手が心の底から誠実に語っている言葉を描く演出として登場します。なぜそのような誠実さを生じさせるのか。それもまたコミュニケーションが約束事を生み出すものだという観点から、もはやともに約束事を形成することの叶わない相手とそれでも約束事を形成できたら、という祈りのような想いを見出すことで説明できるように思います。

第五章
すれ違うコミュニケーション

- 魔女の猫探し
- 魔人探偵脳噛ネウロ
- 違国日記
- 君がいるだけで
- チェンジリング

コミュニケーションが失敗するとき

第二章から第四章にかけて、さまざまな風変わりなコミュニケーションの例を見てきました。次に扱いたいのは、コミュニケーションが失敗した状況です。第四章で伝わらないとわかっているからこそ発言をするという例を取り上げましたが、これはそれとも違います。伝わると思って、伝わってほしくて発言をしているのに、それが伝わらず、結果的にコミュニケーションがうまくいかないという状況を、本章では取り上げたいと思います。

約束事を形成するものとしてのコミュニケーション観において、コミュニケーションの失敗はどのように捉えられることになるのでしょうか？　少なくともふたつの場合に分類することができそうです。

ひとつは、互いに伝わっていないことが明白な場合で、例えば日本語を知らないひとに日本語で話しかけたような状況がそれに当たります。この場合には約束事が形成されていないことを互いによくわかっているわけですから、それほど特筆すべき現象は起きなさそうです。

それよりも興味深いのは、その場では約束事が形成されたように話し手も聞き手も思っているのに、のちにいずれかがその約束事に反する言動を始めたり、あるいは話し手が想定していた約束事と聞き手が想定していた約束事が食い違っていることが判明したりするという場合です。こうした状況で話し手と聞き手はどのようなことをするのか？　そしてこうした状況においていかなる現象が起こるのか？　この章ではそうしたことを考えていきたいと思います。

猫なのか猿なのか、それが問題だ

まずは別役実《べつやくみのる》の戯曲「魔女の猫探し」（『カラカラ天気と五人の紳士』所収、三一書房）での魔女と猫探し屋との会話を見ていきましょう。別役と言えばサミュエル・ベケットなどの影響のもとで膨大な数の戯曲を書いた、日本の不条理演劇を代表する劇作家ですね。「魔女の猫探し」は別役がいくつか書いた〈魔女〉シリーズの一作で、このシリーズはだいたい古びた家に住む魔女と、そこに迷い込んだ男のダイアローグとなっています。「魔女の猫探し」も、猫を探して魔女の暮らす家に迷い込んだ男が魔女と会話をしながら猫の居場所を探ろうとする話になっています。

ふたりが出会ってすぐにおこなわれる会話が次のようなものになります。役名としては、魔女は単に「女」、猫探し屋は「男」となっています。

男　こんばんは……。
女　何をしてるの、こんなところで……？
男　探しているんです、猫を……。
女　デイスティパーゴを……？
男　いえ、ジンマーマンを……。
女　（リンゴを手に取り）何、これ……？
男　よして下さい……。（取り返してテーブルに置き）これを食べに来るんですから、ジンマーマンは……。それを私がこれで……。（と、竿を）こうやって……。
女　あなた、猫がリンゴを食べると思ってるの……？
男　ジンマーマンは食べるんです……。
女　だとすればそれは、猫じゃなくて猿よ……。（椅子に坐る）
男　猫です……。ジンマーマンさんがそう言ってましたから……。

（別役実「魔女の猫探し」『カラカラ天気と五人の紳士』所収）

ややこしいですが、猫探し屋はジンマーマンさんが飼っているジンマーマンという猫を探しているのですね。リンゴが好物だそうです。でも、魔女はそれを怪訝《けげん》に思い、猫はリンゴを食べないから、それは猿ではないのか、と言っているわけです。

ここでは、猫探し屋の「探しているんです、猫を……」とその後のやり取りについて考えることにしましょう。猫探し屋が「探しているんです、猫を……」と言って、魔女がそれを受け止めて続く発言をしたとき、ふたりのあいだでは〈猫探し屋は自分が猫を探していると思っている〉という約束事が形成されたことになります。

その後、魔女は「だとすればそれは、猫じゃなくて猿よ……」と言っているわけですが、これは特にその約束事に反する発言とはなっていません。〈猫探し屋は自分が猫を探していると思っている〉という約束事を守りつつ、「でも猫探し屋が勘違いしているだけで、本当は、それは猿なのだ」と言うことに特に矛盾はありません。単に魔女のこの発言によって〈魔女は、猫探し屋が探しているのは猿だと思っている〉という約束事が新たに生まれるだけです。

要するに、ここでは約束事が食い違っているわけではなく、事実がどうであるのかに関するふたりの認識が食い違っているわけですね。ですから、この段階では特にコミュニケーションは破綻《はたん》していません。問題はこれを受けて展開される、ここから先の会話です。

男　デイスティパーゴ……？

女　猫よ、うちの……。

男　それも、行方不明なんですか……？

女　いいえ。いるはずよ、どこかその辺に……。いないふりをしているだけ……。

男　ああ、いないふりをね……。

女　お宅の猿も、そう……？

男　猿じゃありません、猫です……。それに、うちのじゃなく、ジンマーマンさんとこのですから……。

（同前）

前に挙げた箇所では、あくまで〈猫探し屋は自分が猫を探していると思っている〉という約束事に魔女も従いながら、「でも本当は猫ではなく猿なのでは」と言っていたのですが、ここで「お宅の猿も、そう……?」と言っているときには、猫探し屋が猿を探しているということがもはや前提になっていて、〈猫探し屋は自分が猫を探していると思っている〉という約束事はなくなったかのような発言になっています。魔女と猫探し屋のあいだでは、〈猫探し屋は自分が猫を探していると思っている〉というのが約束事になっていたのに、それを無視したような発言をしているわけですから、ここでは魔女は約束事に反する言動をしていることになります。

こういう場面でいったい何が起きるかというと、約束事を形成したこと自体は事実なわけですから、猫探し屋のほうには「約束していたのと違うじゃないか」と魔女を非難し、それによって約束事を再確認する権利が発生しますよね。だからこそ、すぐに「猿じゃありません、猫です……」と言い、〈猫探し屋は自分が猫を探していると思っている〉という約束事を改めて魔女に提示しているわけです。

コミュニケーションの軌道修正

このあたりも、ごくごくありふれた現象ではありますが、「コミュニケーションと言えば話し手が持っている情報を聞き手に受け渡すこと」というバケツリレー式のコミュニケーション観と、「コミュニケーションは約束事を形成するもの」という本書のコミュニケーション観とでは、捉えかたが変わってくる面白いポイントになります。

バケツリレー式で考えると、話し手から聞き手にバケツを渡して、聞き手がバケツのなかの水を自分の持っているタンクに入れたはずなのに、肝心のタンクに穴が空いていた、みたいな話になりそうですよね。要するに、情報はきちんと伝えたけれど、それが忘れられてしまった。だから、改めて情報を与え直している、と。そういう面もあると思うのですが、この見方だと一回目のコミュニケーションは単に失敗に終わって、失敗したからコミュニケーションに再挑戦しているという、一回一回のやり取りがぶつ切りになった捉えかたをすることになります。

これに対し、約束事形成としてのコミュニケーションという見方だと、たとえ魔女が約束事を忘れてしまったとしても、猫探し屋の「探しているんです、猫を……」という発言を魔女が受け取ったときに、ふたりが〈猫探し屋は自分が猫を探していると思っている〉という約束事を形成したという事実はしっかり残っていることになります。残っているからこそ、魔女が約束事に反した振る舞いをしたとき、猫探し屋は堂々とそれを訂正したり非難したりできる。すでに形成された約束事が一種の力場のようになって、それをどちらかが破ったときでさえ、その後のやり取りはその影響下で展開することになる。約束事形成としてのコミュニケーション観は、このようにいま見たようなやり取りをダイナミックに描き出すものとなります。

約束事という観点から見たとき、「魔女の猫探し」の会話は重要な事実を示してくれます。それは、コミュニケーションによって形成された約束事が破られたとき、それで約束事は反故《ほご》にされておしまいというわけではなく、むしろそれを破った事実が指摘されたり、約束事の再確認がされたりして、軌道修正が図られるということです。この例では話し手である猫探し屋が聞き手である魔女の誤認を指摘し、もとの約束事へと魔女を連れ戻そうとしているわけですね。

もちろん、話し手が自分のした約束事に反する言動をしたときにも同様の力が働いて、聞き手からの指摘や非難、約束事の再確認が生じます。でも、こちらは要するに話し手が嘘をついた場合なので、例を挙げなくてもすんなりわかっていただけるのではないかと思います。「魔女の猫探し」の会話は、いちおうは猫探し屋の「探しているんです、猫を……」の発言のあとできちんと魔女と猫探し屋のあいだで約束事が共有されて、それにもかかわらずすぐに魔女がその約束事を忘れたような言動をする、という例になっていました。それ以外にも、そもそもどういう約束事が共有されていると認識するかという点で、話し手と聞き手のあいだで齟齬が生じる場合もあります。言い換えるなら、本当は約束事が共有されていないのにふたりとも同じ約束事を共有していると思い込んでしまい、話し手は話し手の思い浮かべる約束事に、聞き手は聞き手の思い浮かべる約束事に従ってその後の言動を選ぶ、という場合ですね。

内容レベルの約束事とメタレベルの約束事

次に見たいのは松井優征《まついゆうせい》の漫画『魔人探偵脳噛《のうがみ》ネウロ』（集英社）です。二〇〇五年から二〇〇九年にかけて『週刊少年ジャンプ』に連載された作品で、謎を食料とする魔人ネウロが魔界の謎を食べ尽くしてしまい、食欲を満たすために地上に現れ、桂木弥子《かつらぎやこ》という高校生の女の子を探偵役に仕立て上げ、さまざまな事件の謎を解き明かし、それを食べようとするというお話です。

この作品は、弥子の父親が密室で殺害された事件から始まります。弥子はネウロから力ずくで探偵役を押し付けられるわけですが、それとともに、自分の父親を殺した犯人を突きとめてくれるのではないかという期待も持っているわけですね。そして見事、ネウロはあっという間に事件を解決します。次に挙げるのは、事件を解決してすぐのやり取りです。その前のやり取りを読まないとよくわからなくなる台詞があるので、そこは省略して引用しますね。

ネウロ　はて　うれしくないのか？

［…］

ネウロ　これで戻ってくるのだぞ？　貴様の望んだ「日常」が

弥子　………ネウロ

ネウロ　もっとも我が輩は…　『謎』のないこの家にはもう用はないがな

（松井優征『魔人探偵脳噛ネウロ』集英社文庫［コミック版］①）

松井優征『魔人探偵脳噛ネウロ』集英社文庫［コミック版］①/集英社

松井優征『魔人探偵脳噛ネウロ』集英社文庫［コミック版］①/集英社

最後の台詞は特殊な吹き出しになっていて、ネウロはこの台詞とともに姿を消したことになっています。同じコマで弥子は「！　いない…」と言ってもいます。

注目したいのは、「我が輩は…　『謎』のないこの家にはもう用はないがな」です。この発言を弥子はきちんと受け取ったわけですが、これによってふたりのあいだではどういった約束事が形成されることになるでしょうか？

普通に考えると、〈ネウロは自分がもう桂木家や弥子に関わることはないと思っている〉といった約束事が形成されそうですよね。実際、弥子ももうこれで探偵役は終わったのだと思って、その後すっきりしたような表情で過ごす姿が描写されます。けれど、そのあとで次のようなやり取りが展開されます。

弥子　探偵役…か　もう少ししっかり演じてやればよかったかな
ネウロ　（窓から突然現れて）うむ　次からそうしろ
弥子　…え…　何？　この家には用はないんじゃなかったの？
ネウロ　家にはないが貴様にはある　さあ　どんどん事件を解決するぞ！

（同前）

松井優征『魔人探偵脳噛ネウロ』集英社文庫［コミック版］①/集英社

松井優征『魔人探偵脳噛ネウロ』集英社文庫［コミック版］①/集英社

弥子は〈ネウロは自分がもう桂木家や弥子に関わることはないと思っている〉という約束事をネウロとのあいだで形成したつもりでいたのですが、ネウロのほうは〈ネウロは自分がもう弥子の住む家には関心がないと思っている〉という約束事を形成したつもりでいたのですね。ふたりが形成した気になっていた約束事が微妙にずれていたわけです。

こういう場合に、会話に参加するひとたちは、それぞれ自分が思っていた約束事に従って相手を非難したり、約束事を提示し直したりを互いにやりあうことになります。

弥子が「この家には用はないんじゃなかったの?」と言うときにしているのは、まさにそういうことですよね。以前の「この家には用はない」という趣旨の発言で、ネウロとのあいだに〈ネウロは自分がもう桂木家や弥子に関わることはないと思っている〉という約束事ができたのではなかったのかと確認し、ネウロの言動がその約束事とずれていると示そうとしているわけです。他方で、ネウロもネウロで、「家にはないが貴様にはある」と言い返し、自分が交わした約束事は弥子の考えていたのとは違う、と指摘しています。

こうした状況で、いったいどちらの約束事が正しいものとされることになるのでしょうか?　バケツリレー式のコミュニケーション観だと、あくまでコミュニケーションは話し手が聞き手に対して情報を与えるものなのだから、それがどんな情報であるかは最終的には話し手の判断によって決まることになるという考えになりがちに思えます。

約束事形成としてのコミュニケーション観では、ちょっと事態が複雑になります。弥子とネウロのあいだには〈ネウロは自分がもう桂木家や弥子に関わることはないと思っている〉という約束事も、〈ネウロは自分がもう弥子の住む家には関心がないと思っている〉という約束事も、実際には形成されていませんでした。

けれど会話を交わし、いずれも自分たちが何らかの約束事を交わしてはいるということ自体は認識できているはずなので、〈具体的な内容はともかくとして、「我が輩は…『謎』のないこの家にはもう用はないがな」という発言で何かの約束事が形成されたことになっている〉という約束事は形成されていそうに思えます。

それゆえ、弥子とネウロは具体的な約束事に関しては齟齬を来たしつつも、〈約束事がきちんと形成されていることにしよう〉という約束事には従って、その齟齬をどうにか調停しようとします。その調停の際には、互いの言い分を確認して中間的な落としどころを探す場合もあるでしょうし、どちらかが一方的に相手の言い分を受け入れ妥協することもあるでしょう。あるいはこの段階で「コミュニケーションになっていなかったんだね」と確認し合うことで、〈約束事が形成されていることにしよう〉という約束事を撤回することに同意するかもしれません。そのどれを選ぶか、ことがどのように運ぶかは、会話参加者の性格や参加者同士の関係など、さまざまな要素に左右されることになります。

少々わかりにくかったかもしれませんが、ここでいま言っているのは、厳密には話し手が何か発言をする際には、同時にふたつの約束事の提案がなされているのではないか、ということです。「我が輩は…『謎』のないこの家にはもう用はないがな」とネウロが発言したとき、ネウロはこれによって〈ネウロは自分がもう弥子の住む家には関心がないと思っている〉という約束事だけでなく、〈この発言を受け取ることでもって、ネウロと弥子のあいだには何らかの約束事が形成されたことになる〉という約束事の提案もおこなっている、ということです。前者の約束事を「内容レベル」、後者の約束事を「メタレベル」と呼ぶことにしましょう。弥子がこのネウロの言葉を受け取ったとき、内容レベルに関してはすれ違いによって実際には約束事の形成に至らなかったのですが、メタレベルの約束事は形成されたと言えます。

そういうわけで、ふたりはメタレベルの約束事に従って、内容レベルでのすれ違いを解消し、きちんと約束事を締結することへと方向づけられるのですね。それが現れているのが、先ほど見た互いに自分の理解の仕方を開陳《かいちん》し合うやり取りです。

このふたりの場合、最終的に内容レベルでの約束事の決定に至る流れはかなりシンプルです。圧倒的な力を持つ魔人ネウロに対し、無力な弥子は多くの場面で譲歩せざるを得なくなっています。ここでもすぐにネウロに譲歩し、探偵役を引き続きこなしていくことになります（実のところ、こうした力関係ゆえのネウロの理不尽さと、それを超えて次第に築かれていくふたりの相棒としての信頼関係が、この漫画の軸になっていきます）。

バケツリレー式のコミュニケーション観と比べたとき、約束事を形成するものとしてのコミュニケーション観は、こうした話し手と聞き手の理解のずれにおいて「話し手が正解を知っている」という見方を採用しないというところに特徴があります。むしろ「正解」などというのは決まっておらず、話し手と聞き手のあいだでの交渉によって何が「正解」と見なされるのかが相互的に調整されていくという見方になっているのです。

想像していなかった事態に直面して

話し手と聞き手のずれには違った現れかたをすることもあります。コミュニケーションによって約束事が形成され、それはそのときには確かに共有されていて、その後もふたりはその約束事に従って会話を重ねていく。けれどあるときに、そのコミュニケーションの時点では話し手の念頭になかったような事態が起こり、その想定外の事態に対してどう振る舞うのが約束事に照らして適切なのかという点で、話し手と聞き手のあいだで齟齬が生じる。そういった仕方でのずれが起こりうるということが、ヤマシタトモコの漫画『違国《いこく》日記』（祥伝社）には鮮やかに描かれています。

『違国日記』は、両親を事故で失った田汲朝《たくみあさ》という中学生の女の子が、叔母である少女小説家の高代槙生《こうだいまきお》に引き取られ、共同生活をするようになるという作品です。ふたりのやり取りを中心にしながら、さまざまなマイノリティが作中に登場し、性差別やいわゆる「有害な男らしさ」に関する問題を積極的に物語のなかに取り入れていて、読んでいると救われるような気持ちになることの多い漫画です。

朝の幼馴染で親友の楢《なら》えみりという女の子がいます。朝が両親を亡くした直後に連絡を取った相手でもあり、互いの母親同士も仲がよく、朝にとって非常に重要な存在であることが、物語を通じて繰り返し描かれている人物です。朝とえみりの会話の場面も多く、そのなかで、何度も繰り返されるやり取りがあります。朝からえみりに「彼氏作んないの？」といったことを訊いて、それをえみりが嫌がるというやり取りです。

そうした経緯があったうえでなされるのが、次のような会話です。

えみり　――朝　あたしさ　つ　つき合ってる子がいる　女の子

朝　……えっ

［…］

朝　えーもうわかんない　なに　え　てかこれ　あたしに最初に言ってくれたんだよね?

えみり　…ま　…槙生さんに　最初に話した……　てか　相談した

朝　え――なんで!?　ていうかなんで槙生ちゃん!?　初カレできたら最初に言おうねって言ってたじゃん――!?

えみり　それは朝がさあ　朝が………　…いや　もう　ごめん　違う　…ケンカしたいわけじゃないし………

朝　えー、あたし偏見ないし

えみり　――あるよ。あるんだよ

朝　え!?　嘘ぉ

ヤマシタトモコ『違国日記⑧』©ヤマシタトモコ/祥伝社フィールコミックス

えみり　あたしに「初カレ」は一生できない　彼氏作んない　……あたしはさ　あたしはただ……　…あたしはただ　あたしでいたい　なりたいあたしになりたいだけ……

（ヤマシタトモコ『違国日記』⑧）

ふたりのやり取りから、朝が「初カレできたら最初に言おうね」と言ったときに、コミュニケーションは成功し、確かに〈朝は自分が朝とえみりの一方に初カレができたときには最初にもう一方にそのことを伝えることを望んでいると思っている〉といった内容の約束事が形成されていたことは読み取れます。えみりもそれは切実なくらいに理解できています。自分が望んでいると思っていることは、実際に望んでいるはずだと言えるなら、これは要するに〈朝は朝とえみりの一方に初カレができたときには最初にもう一方にそのことを伝えることを望んでいる〉という約束事と等しくなります。

けれどその約束事が形成されていたときに、朝はえみりに同性の恋人ができるという可能性を、おそらく想像してさえいませんでした。この場面でえみりにそのことを告げられ、初めてえみりがレズビアンであることを知るんですね。

さて、えみりにとっては、〈朝は朝とえみりの一方に初カレができたときには最初にもう一方にそのことを伝えることを望んでいる〉という約束事が形成された以上、彼女ができたということを朝に告げるのは難しかったでしょう。もちろんそこには、朝がこれまで見せてきた異性愛を自明視するような態度ゆえの話しづらさもあったはずです（私も経験しましたが、カムアウトする側は得てしてそれによって友人や家族を失う覚悟でカムアウトするものだったりします）。それに加えて、〈朝は朝とえみりの一方に初カレができたときには最初にもう一方にそのことを伝えることを望んでいる〉という約束事からしたら、「彼女ができた」と告げることはこの約束事に合致しない振る舞いであるとも感じられたのではないでしょうか。

スティーヴン・C・レヴィンソンという言語学者の『意味の推定　新グライス学派の語用

論』（研究社、二〇〇七年）で解説されていることですが、一般に「AだったらB」という発言は、そう解釈すべきでない理由がない限り「AでなかったらBでない」も伴ったものとして解釈されます。実際、「明日、晴れていたら出かけよう」と言われたら、「明日、晴れていなかったら出かけない」ということなのだと、たいていの場合には理解しますよね。

少しだけ文のかたちはずれるのですが、それでもこれと同様の仕組みで、〈朝は朝とえみりの一方に初カレができたときには最初にもう一方にそのことを伝えることを望んでいる〉という約束事は、同時に〈朝は朝とえみりの一方に彼氏以外の恋人ができたときには最初にもう一方にそのことを伝えないことを望んでいる〉という約束事を伴っているものと理解することもできそうです。もしそうなったら、えみりが彼女ができたと伝えることは、朝が望んでいない行動だということになってしまいます。

おそらくそうした理由もあって、えみりは彼女ができたことを朝に告げていませんでした。では、いま初めてえみりに彼女ができるという可能性を認識した朝は、すでに形成された〈朝は朝とえみりの一方に初カレができたときには最初にもう一方にそのことを伝えることを望んでいる〉という約束事に照らしてどのように考えたのでしょうか？

「初カレできたら最初に言おうねって言ってたじゃん――!?」と朝は言っていますね。これは、明らかに〈朝は朝とえみりの一方に初カレができたときにはもう一方にそのことを伝えることを望んでいる〉という約束事からの帰結として、朝の望みを叶えるためにはえみりに初彼女ができたときにもそのことを伝えるべきだということも言えるはずだ、という前提での発言です。朝は、その発言をしたときにはえみりに彼女ができる可能性を考えてさえいなかったはずなのに、ここであっさりと〈朝は朝とえみりの一方に初カレができたときには最初にもう一方にそのことを伝えることを望んでいる〉という約束事があったのだから、初彼女ができたときにも言うべきだ、それなのに先に槙生に伝えるなんておかしいではないか、という話にしているのですね。

ここで起きているのは、約束事がなされた時点で話し手が想定してさえいなかったような事態が起き、話し手と聞き手でその場面での約束事への従いかたに関する判断がずれたという状況です。えみりは伝えられないと考えた。朝は伝えるべきだったと考えた。

この場合にもきっと、最初のコミュニケーションの時点を探って見つかるような「正解」はありません。そのときの朝の脳のなかにある情報を探っても、そもそも想定していない可能性についてどうすべきだと考えていたのかという答えはないでしょうし、「初カレ」などの単語を辞書で調べて決まるようなことでもないでしょう。問題は、このずれに直面したときに、ふたりがどのように調整し、ずれを解消していくかということなのです。

実は朝には三つの選択肢がありました。ひとつは、「初カレと言った以上は彼氏でなければならず、彼女の存在は隠すべきだ」という道です。ふたつ目は、朝が実際に採用した「初カレと言ったけれど、そこには彼女ができた場合にも伝えるべきだという内容が含まれていた」という道です。三つ目は、「初カレと言ったときに彼女ができる可能性は想定してもいなかった。そしてそのような前提のもとで約束事を形成してしまったのは間違いだったのだから、その約束事を解消しよう」という道です。

ひとつ目の選択肢は明らかにえみりを否定するようなものですよね。朝は、これは取らなかった。代わりにふたつ目の選択肢を取ることでもって、自分には偏見がないとしました。でも、これって、「初カレできたら最初に言おうね」と言ったときにえみりがレズビアンである可能性を考慮してもいなかった自分を棚上げにするようなやりかたですよね。むしろ、「初カレできたら最初に言おうね」と言ったときに初彼女ができたときにもそれが適用されると解釈しなかったえみりの側に、責任を押し付けるような物言いになっています。

ふたりの会話は、おそらく考え得る限りもっとも幸福な方向へと進むことになります。えみりの非難を受けて、朝はすぐに自分がしたことに気づき、えみりの「あたしに『初カレ』

は一生できない　彼氏作んない」という言葉に対し、過去に形成した約束事をこれ以上は持ち出さないで謝罪することになります。

『違国日記』のやり取りは、コミュニケーションで形成されるのがいかなる約束事なのかについて、必ずしも話し手がすべてを決するわけではないということも示しています。『魔人探偵脳噛ネウロ』の例と違い、ここでは「初カレできたら最初に言おうね」という発言の話し手たる朝のほうが、それがもたらす約束事が何であるかの決定権をえみりに譲っているわけですから。

朝の選択は、美しく、勇気のあるものです。多くのひとにとって、自分が何の疑問も持たずにおこなっていたコミュニケーションによって生まれた約束事を撤回するのは難しいことです。自分はずっと、その約束事を自明視して行動してきたのに、そうした行動指針の間違いを認めるわけですから。そうした足場の揺らぐような不安を受け入れるのは辛いことです。でも、朝はそれを選んだ。自分の行動指針が揺らぐことよりも、目の前にいるえみりが大事だったから。

「約束事」と言われると、意地でも守らないとならないものに思えるかもしれません。でも、目の前にいる相手との関係においては、ときに勇気を出してそれを撤回することこそが、何よりも誠実な選択になることがあります。私自身も、そうした勇気と誠実さを持ってくれた家族や友人たちに救われて、ここまで生きてこられました。

コミュニケーションに追い詰められる

コミュニケーションがすれ違っているときに話し手と聞き手がどのようにするのか、ということを見てきました。基本的には、約束事を再確認したり、互いに自分の方針を示したり、相手の方針を批判したりしながら、自分たちがどういう約束事に従っているのかということについての擦り合わせをし、軌道修正を図るということになります。

『違国日記』の会話は希望を感じさせるかたちで終わっていますが、コミュニケーションのすれ違いにはけっこう怖い面もあります。話し手と聞き手の相互調整で方針を決めていくことになるということは、話し手と聞き手のあいだで極端な力の差があった場合には、どのように方針が決まるかに関して一方が圧倒的に有利になる可能性がある、ということでもあります。『魔人探偵脳噛ネウロ』はその例にもなっていますね。「魔人」という空想的な存在がいない現実の世界でも、一方が大人でもう一方が子どもであるとか、一方が上司でもう一方が部下であるとか、いろいろな場面で、自分がする気もなかったコミュニケーションを事後的にしたことにされる可能性があります。たぶん、少なからぬひとがこうしたことに覚えがあるかと思います。

さて、最後に考えたいのは、コミュニケーションでうまく約束事が形成されていないということがあらわになり、それに関して相互調整も試みたものの、それにもかかわらず結局その調整に失敗し、いずれのひとも譲らなかった場合に何が起こるのか、です。もちろん、「コミュニケーションができなかった」で終わることも多いですが、それで終わらない場合もあります。

コミュニケーションそのものは、その場にいる会話参加者のあいだでの営みです。けれどもそれがうまくいかなかったとき、ひとはときにその会話に直接には参加していない人々に向けて、そこでどのようなコミュニケーションがなされたのかを自分の視点から語り、どの参加者が想定している約束事を実際にあったものと見なすかということを、いわば外側から固めていくことがあります。

厳密にはコミュニケーションがすれ違っている例ではないのですが、まずは参考になる場面が描かれている作品として、高橋留美子が『ビッグコミックオリジナル』(小学館)に不定期で掲載している『高橋留美子劇場』から「君がいるだけで」という短編を取り上げたいと思います。「君がいるだけで」は長く勤めていた会社が倒産し、失業した堂本という中年の男性が主人公となっています。その堂本氏が、病気になった妻の代理で妻のパート先であるお弁当屋さんで働くことになり、自分の正しさを疑わず頑固に振る舞う堂本氏がそんな性格と相性の悪い接客業で四苦八苦するさまが描かれます。

このお弁当屋さんには、堂本氏が来るのと同じタイミングで雇われたアッチャラーさんというアルバイトがいます。タイからの留学生で、学費のために アルバイトをしています。次に挙げるのは、このアッチャラーさんとひとりの客との会話です。

客　唐揚げ弁当15コ。急いで！

アッチャラー　唐揚げ弁当15コでース。

［…］

客　（携帯電話が鳴って出る）あ、センパイ。今頼んでます、唐揚げ弁当。え…　カレー弁当だっけ？

アッチャラー　唐揚げ弁当でース。（できあがった唐揚げ弁当を差し出す）

客　え？　おれ、カレーって言わなかった？

［…］

アッチャラー　唐揚げでース。

客　言ったろ、カレーって！　変えろよ、カレー弁当に!!

（高橋留美子『高橋留美子劇場』②）

かなり露骨に客のほうが約束事を破っている状況ですね。「唐揚げ弁当15コ。急いで！」という発言をアッチャラーさんが受け取った時点で、ふたりのあいだには〈客は自分が唐揚げ弁当を求めていると思っている〉のような約束事が形成されていたはずです。例によって自分が求めていると思っていることは本当に求めているに違いないと考えるなら、〈客は唐揚げ弁当を求めている〉という約束事ですね。それなのに、「おれ、カレーって言わなかった？」と言っているわけです。アッチャラーさんの「唐揚げでース」は、相手が約束事に反する言動をしたことに対し、約束事の再確認を迫る発言だと考えられます。

ですが、問題は客に自分の非を認める気がないということです。すると、いったいこの客はどのように振る舞うのでしょうか？　続く場面を見てみましょう。

高橋留美子『高橋留美子劇場』②/小学館

店長　あ、あの、なにか…
客　この女が、注文間違えたんだよ。
店長　え…　しかし…
アッチャラー　唐揚げでース。
客　ふざけんなよーっ。この女　ガイジンじゃねーかよ！　こいつが日本語間違えたのっ。

（同前）

高橋留美子はコミカルな作風でよく知られている漫画家ですが、この場面は読むたびに辛くて胸が苦しくなります。ともあれ、何が起きているのかを見ていきましょう。

客とアッチャラーさんのあいだで、いったいふたりがどういう約束事を形成していたかの擦り合わせはできませんでした。客は〈客はカレー弁当を求めている〉という約束事を形成していたとし、アッチャラーさんにそれに従うよう求めています。アッチャラーさんは〈客は唐揚げ弁当を求めている〉という約束事を形成していたとし、客にそれに従うよう求めて

高橋留美子『高橋留美子劇場』②/小学館

います。この例だと客が露骨に嘘をついていて、読者もそれを知っているので、すでに述べたように、厳密にはコミュニケーションにおいてどのような約束事が形成されたのかという点で両者の考えに齟齬が見られるというわけではありません。客も自分が約束事に反することを言っているのはわかっているはずです。ただ、ここで注目してもらいたいのは、話が平行線になるとわかったあと、客が店長に向かって文句を言っているということです。

いったいこれは何をしているのでしょうか？「この女が、注文間違えたんだよ」と言うことで、客は自分とアッチャラーさんとのあいだのコミュニケーションについて店長にコミュニケートしているわけです。〈客とアッチャラーのコミュニケーションにおいて、アッチャラーがそこで形成されたはずの約束事に違反した〉という約束事を店長とのあいだにつくろうとしているのですね。

なぜそのようなことをするのでしょう？　これは、その約束事が店長とのあいだに形成されたらどうなるかということを考えてみればわかります。店長とアッチャラーさんの立場は、店長とアルバイトです。当然、店長のほうが強い権力を持っていますから、店長がそこでその約束事の形成を受け入れたなら、アッチャラーさんは少なくともその場ではそれに従うことになるでしょう（もちろん、客が去ったあとで店長に真相を語ることはできるでしょうが）。客は、アッチャラーさんとの擦り合わせの代わりに、アッチャラーさんとのコミュニケーションがいかなるものであったかを周囲の人間にコミュニケートすることで、当人同士の擦り合わせを抜きにして、アッチャラーさんとのコミュニケーションでどういった約束事が形成されたのかを決定していこうとしているわけです。

ここで、「この女　ガイジンじゃねーかよ！　こいつが日本語間違えたのっ」という発言が出てくることは示唆的です。ミランダ・フリッカーという哲学者の *Epistemic Injustice:*

Power and the Ethics of Knowing (Oxford University Press, 2009) という本があります（この原稿を執筆している時点では邦訳は出ていません）。このなかでフリッカーは、社会的マイノリティはそのマイノリティ性ゆえに、同じ条件のもとでは知識の主体としての能力をマジョリティに比べて疑われやすくなる傾向があるという議論を展開しています。

客は、まさにこれを利用しようとしていると考えられます。アッチャラーさんは実際にはこの時点で注文を理解するにはまったく問題がない程度に日本語を運用しています。でもアッチャラーさんは外国人です。客からすれば、日本人である自分と外国人であるアッチャラーさんを比べてどちらの言い分を信用するかと問い詰めたなら、自分の側が有利になると考えたのでしょう。

コミュニケーションをしている当人同士のあいだで、自分たちがどういった約束事を形成したかについての不一致が生じ、どうしてもその擦り合わせがうまくいかなくなったとき、このようにひとはしばしば周囲の人間に自分たちのコミュニケーションがどのようなものであったかを語り、外側から約束事を確認させようとします。その際、一方がその社会においてマイノリティに当たるなら、それはそのひとにとって不利に働くことが多いと考えられます。「君がいるだけで」の会話は、そうした状況を巧みに描いています。

約束事が捻じ曲げられる

とはいえ、すでに述べたように、この会話は客側の一方的な嘘をきっかけにしたものなので、本章のテーマそのものとは少しずれています。より本章のテーマに近いものはクリント・イーストウッド監督の映画『チェンジリング』に見ることができます。

二〇〇八年に公開されたこの映画は、一九二八年のロサンゼルスを舞台にしています。主人公のクリスティン・コリンズは息子のウォルターとふたりきりで暮らしているのですが、ある日そのウォルターが行方不明になってしまいます。その後、ウォルターの捜索がなされ、とうとうウォルターが発見されたという知らせがもたらされます。喜んで迎えに行ったところ、ウォルターを名乗るその少年は実際のウォルターとはまるで別人で、それなのに警察はそれがウォルターであると言い張る。クリスティンは本当のウォルターを探してほしいと訴え続けるのですが、警察には相手にされず、精神病院に強制的に入院させられることになります。次に挙げるのは、クリスティンとジョーンズ警部の会話です。

クリスティン　なぜ、あの子は嘘を……。何かの間違いです。
ジョーンズ　時間が解決します。
クリスティン　7センチも背が低いわ。測ったんです。
ジョーンズ　測り方に問題が。すべてが説明できます。
クリスティン　割礼されてる。息子は違う。
ジョーンズ　コリンズ夫人、行方不明の5ヵ月間、息子さんは放浪者と一緒にいたようです。何をされたか、わかりません。割礼されたか、それとも……
クリスティン　背を低くされた？　話を聞いて。
ジョーンズ　ちゃんと聞いてますよ。よくわかります。息子さんは変わった。つらい体験をしたから、愛情が必要なんです。
クリスティン　息子じゃない。
ジョーンズ　一体なぜそんなことを言うんです？　十分面倒を見られるのに。経済的にも問題ない。なぜ母親としての責任から逃げるんです？
クリスティン　逃げてなどない！　冗談じゃない。あの少年は気の毒だから面倒まで見てる。どうか息子を捜して。

（『チェンジリング』）

ジョーンズ　もう見つかったのになぜ捜す必要がある？

クリスティンは「息子じゃない」という発言で、ジョーンズ刑事とのあいだに〈クリスティンはウォルターがまだ見つかっていないと思っている〉という約束事を形成しようとしています。しかし「なぜ母親としての責任から逃げるんです？」と言うジョーンズ刑事は、明らかにそのような約束事を回避しようとしています。代わりにジョーンズ刑事はクリスティンが「息子じゃない」と言うことで〈クリスティンはウォルターがウォルターではないと思っている〉という約束事を形成しようとしたと見なし、その約束事を引き受けて会話を続けるという体裁を取っています。

「ウォルターがウォルターではない」というのは「ウォルターを名乗る少年がウォルターではない」ということではありません。「ウォルター本人がウォルター本人ではない」ということです。それは明らかに誤っている内容なので、そんな約束事を真面目に提案できるわけがない。そうした考えのもとで、ジョーンズ刑事はクリスティンが嘘をついて責任を放棄しようとしていると言い返しているわけです。さらにのちには、真面目にそのような約束事を提案しているとしたら錯乱しているに違いないと述べ、クリスティンを精神病院に押し込めることになります。

この映画で重要なのは、ジョーンズ刑事には圧倒的な力があるということです。このふたりのあいだでの力というより、外側から働きかける力です。この後、ジョーンズ刑事は自分の権限でクリスティンを精神病院に閉じ込め、自分に反論できない状態に追い込みます。このようにしてしまえば、クリスティンのほうにはジョーンズ刑事とのコミュニケーションについて周りの誰かにコミュニケートする手段がなくなってしまいます。当然、ジョーンズ刑事のほうは容易に事態を自分が有利な方向へと運べるでしょう。実際にはまったく別の方向から事件の真相が発覚し、クリスティンは解放されることになるのですが、それがなかったなら、クリスティンはきっとジョーンズ刑事とのあいだに〈クリスティンはウォルターがウォルターではないと思っている〉という約束事を形成しようとしたと世間においては見なされることになり、それがさらにクリスティンを精神病院に閉じ込める口実を与えることになったと想像されます。

意味の占有

本章では、コミュニケーションがすれ違った場合に起きることについて語ってきました。基本的には話し手と聞き手で約束事の再確認をしたり、互いの考えを改めて伝えたりしながら、自分たちがどのような約束事に従っているのか擦り合わせることになります。また、擦り合わせがうまくいかなかった場合には、周囲に自分たちのコミュニケーションがいかなるものであったのかを訴えかけ、外側から調整しようとすることもあります。

すでに例を挙げてみたように、コミュニケーションがすれ違った場合の擦り合わせは、当事者同士のあいだで済ませる場合にも、それでは済まず周囲の人間への訴えかけがなされる場合にも、どうしようもなく会話参加者同士の力関係や社会的位置に影響されることになります。力が弱いものは当事者同士の交渉で不利になるし、社会的マイノリティは周囲への訴えかけで不利になるでしょう。私は、こうした当事者間の力関係や社会的な力関係によって、会話参加者のいずれかが不利益を被るような仕方でコミュニケーションがなされることを、「コミュニケーション的暴力」と呼んだりしています。なかでも本章で取り上げたような、コミュニケーションによってつくられた約束事を一方にとって都合のいいように捻じ曲げてしまうようなコミュニケーション的暴力を、「意味の占有」と呼んでいます。発話がどのような意味を持っているのかの決定権を独り占めし、相手が口出しできないようにしたうえで、そのようにして自分に都合のよいように捻じ曲げた約束事に相手を服従させる、というイメージですね。

そうした現象は、フィクションのなかだけでなく現実にもいろいろなかたちで見られます。自分が引き受けた仕事の範囲を超えているはずの仕事を引き受けたことにされてしまい、その想定外の仕事ができていないことを上司や先輩から責められるといった経験をしたことはないでしょうか？　しかも単なる相手の記憶違いではなく、相手もまたそれが当初想定された範囲内に収まっていないことを承知しているはずなのに、「引き受けた以上、やるのが当然だろう」という態度で迫ってくるような経験はありませんか？　そうした場面では、あなたの「引き受ける」という言葉がもたらす約束事が相手の都合のよいように捻じ曲げられ、そして相手と自分との力の不均衡によって、あなたはその捻じ曲げられた約束事に服従されていることになります。これが意味の占有です。

男性から性交渉を求められている場面で、女性がそれを拒否しても「いやよいやよも好きのうち」式にその拒絶の言葉がまるで「ムードを盛り上げるために発せられただけの実質的なオーケーの言葉」として理解されるといったことも、しばしば語られます。そしてあとから女性が被害を訴え出たとき、相手は仲間に「向こうも乗り気だったのにあとからいきなり怒り出した」といった話をして、女性が本当は「イエス」という約束事をしていたはずなのにそれを破ったとでもいうかのような状況をつくりあげる、という場合もあります。それによって、被害者のはずの女性の側が嘘つきであるかのように相手から非難されることさえあるでしょう。リドリー・スコット監督の映画『最後の決闘裁判』（二〇二一年）は、そうした現実に起こりうる事態を巧みに映像化した作品です。

意味の占有は、周囲の人々に働きかけたり、社会制度を利用したりすることを通じてしばしばおこなわれると考えられます（もちろん、単純に力が強いだとか武器を持っているだとかという理由で、そうした働きかけや利用を抜きにおこなわれることもありますが）。周囲の人々が高い地位にあり影響力を持つ場合には、その働きかけはさらにその周囲の人々へと波及していき、そのぶんだけいっそう相手を自分の都合のよいように約束事に服従させ、それに反する振る舞いを堂々と責められるようになるでしょう。

だとすると、意味の占有は周囲に高い地位のひとがいればいるほど、そして利用できる社会制度が多ければ多いほど実行しやすくなると言えそうです。貧しいひとよりも富めるひとが、部下よりも上司が、生徒よりも教師が、女性よりも男性が、社会的マイノリティよりも社会的マジョリティが、それをおこないやすい立場にあります。それゆえにそれは、差別ともストレートにつながっている現象です。

誰かの差別の訴えとされるものが、あなたの耳に届いたときにはどうにも要領を得ない、不合理な発言に感じられるという経験もまた、多くのひとにあるのではないかと思います。そうしたときに、その差別の訴えが意味の占有によって捻じ曲げられてしまっている可能性、そしてあなた自身が意味の占有者による働きかけの対象として利用されている可能性を意識するようにすることは、現代の社会において非常に重要なことだと思います。

第六章

本心を潜ませる

- ONE PIECE
- パタリロ！
- 鋼の錬金術師
- ポケモン不思議のダンジョン救助隊DX

副音声的なものとしてのマニピュレーション

第二章から第四章にかけて、コミュニケーションが独特な仕方でおこなわれる事例を紹介し、検討してきました。そして第五章では、コミュニケーションが失敗する事例を取り上げました。コミュニケーションについてはこうしてしっかりと見てきましたが、第一章でも述べたように、会話というのはコミュニケーションのみからできているわけではありません。少なくとも会話にはもうひとつ、マニピュレーションという営みも介在しています。この章からは、マニピュレーションが会話のなかで巧みに用いられている事例を見ていくことにしましょう。

しばらくマニピュレーションの話をしていなかったので、まずは復習です。話し手が発言をおこない、それによって聞き手とのあいだで共有の約束事が形成されるとき、その発言はコミュニケーションをおこなっているものとなります。コミュニケーションは、話し手と聞き手のあいだでの約束事に関わる。これはこれまでの章でもさんざん述べてきたことです。

ですが話し手は必ずしもその発言でコミュニケーションだけをおこなっているわけではあ

りません。あえて白々しい何らかのコミュニケーションをおこなうことによって、聞き手を怒らせようとしてみたり、何かをコミュニケーションのレベルに持ち込まないように巧みに計算した発言をしつつ、その何かを聞き手に情報として伝えたりと、さまざまな仕方で聞き手に影響を与えようともします。発言によって聞き手に影響を及ぼそうとしているとき、話し手はマニピュレーションを試みていると言えます。

コミュニケーションとマニピュレーションの区別はわかりにくいかもしれませんが、音声多重放送における主音声と副音声みたいな関係にあると思ってもらったらいいかもしれません。

コミュニケーションはいわば話し手がおこなった発言の表の姿であり、それによって話し手が堂々と伝達し、聞き手とのあいだの大っぴらな約束事としているような、主音声的なものとなっています。けれど話し手はしばしばその裏で、まったく別の企みのもとで聞き手にメッセージを届けたり、聞き手の心理や行動を一定の方向に導いたりもします。これがマニピュレーションなのですが、こちらは話し手がおこなった発言の表の姿だけからは見えてこず、しかし話し手の心理を深く推察するなどしたならば、まるで音声切り替えをしたように聞こえ始める、副音声的なものとなっています。

重要なのは、これらはまったく切り離された営みというわけではない、ということです。コミュニケーションもマニピュレーションも、話し手が発言をおこなうことを通じて遂行することです。そしてしばしば、話し手はひとつの発言でその両方をおこなっています。言い換えると、ひとつの発言でも、それが表向きでどのようなコミュニケーションとなっているかという顔を持ちつつ、その裏には、その発言によって話し手は何を狙ったのかという別の顔を持ってもいるわけです。実はこれまでに挙げてきた例でも、あくまでコミュニケーションに話を集中させるために特に触れずにいましたが、いろいろとマニピュレーションがおこなわれてもいました（よかったら、本書を読み終えたあとに振り返ってみてください）。

本章はマニピュレーションを大々的に扱う最初の章になるわけなので、特にフィクション作品で多用され、印象的なシーンを生み出すタイプのマニピュレーションに焦点を当てたいと思います。話し手がその発言によって何かコミュニケーションをおこなっているものの、実はそのコミュニケーション自体は話し手の本心ではなく、別の仕方で本心が伝わるように計算されている、という例です。

守られない言いつけ

そのように抽象的に説明されてもわかりにくいかと思いますので、さっそく具体的な例を見ていきましょう。最初に挙げたいのは、いまや知らないひとはいないのではないかというくらいの怪物的ヒット作となって久しい尾田栄一郎《おだえいいちろう》の『ONE PIECE』（集英社）です。

『ONE PIECE』は現在も『週刊少年ジャンプ』で連載中の漫画ですが、始まったのは一九九七年なので、かなりの長編作品ですね。「海賊王」と呼ばれ、「この世のすべてを手に入れた」と言われる大海賊ゴールド・ロジャーが処刑される直前に告げた「ひとつなぎの大秘宝《ワンピース》」の存在。それがきっかけで自分こそが「ひとつなぎの大秘宝《ワンピース》」を手に入れて次なる海賊王になるのだという海賊たちが次々と現れ、世界は「大海賊時代」を迎える。主人公のモンキー・D・ルフィも海賊に憧れ、海賊王を目指して海へと飛び出す。……という冒険物語です。

『ONE PIECE』が始まったころ、私は小学六年生でしたが、たしか弟が最初のほうの巻が出ていたのを本屋さんで見かけて買ってきたのだったか、とにかく何の気もなしに読んで、その壮大な世界観、シンプルなようで独特の絵柄、可愛らしい動物たちにあっという間に引き込まれたものです。翌年には同じ『週刊少年ジャンプ』で冨樫義博《とがしよしひろ》の『HUNTER×HUNTER』が始まり、漫画好きの子たちは女の子も男の子もこの二作をだいたい読んでいて、修学旅行か何かで、班のみんなでそれぞれどちら派かを言い合ったような思い出があります。

さて、そんな『ONE PIECE』に、とても面白い会話の場面があります。ルフィが冒険のなかで出会った仲間たちとともに、いよいよ「ひとつなぎの大秘宝《ワンピース》」を目指すための航路「偉大なる航路《グランドライン》」に突入してから少ししたあたりでのことです。

冒険のさなかに、仲間のひとり、航海士のナミが突然の高熱で倒れてしまうという話があります。ルフィたちは慌てて近くの島で医者を探すことにします。そうして、ルフィたちはかつて「ドラム王国」と呼ばれていた国にたどり着きます。ドラム王国は以前は医療大国として知られていたものの、圧政的な王のもとで医者が追放され、もはやほとんど医者がいなくなっており、とある海賊団の襲撃によって王政が崩れたいまも満足に医者が見当たらない状況です。けれどそのドラム王国でただひとり治療を続けている医者がいました。Dr.《ドクトリーヌ》くれはという、高額の医療費と引き換えに高度な技術で治療をおこない、「魔女」とも呼ばれる人物です。

その後、ルフィたちは国を取り戻すために現れたかつての王ワポルと戦うことになるのですが、取り上げたいのはそのあとの場面、治療がほぼ終わったナミとDr．くれはとの会話です。途中で出てくるビビというのはアラバスタ王国という国の王女で、ルフィたちとともに冒険している仲間です。ドルトンというのは、ルフィたちとともに戦った、元ドラム王国守備隊長です。

ナミ　ドクトリーヌ？　ウチの船員《クルー》の治療代なんだけど…タ・ダ・に!!　…それと私を今すぐ退院させてくれない？
くれは　ん？　そりゃ無理な頼みだとわかって言ってみただけかい　治療代はお前達の船の積荷とあり金全部　お前はあと2日ここで安静にしててもらうよ
ビビ　ナミさん　そうよ！　ちゃんと診てもらわなきゃ…
ナミ　平気よ　だって死ぬ気がしないもん
ビビ　それは根拠にならないわよっ
ナミ　（くれはに）〝武器庫〟の鍵　必要なんでしょーう？
ドルトン　な……　君が　なぜその鍵を!?

くれは　本物なのかい⁉　どういうこった
ナミ　スったの
くれは　このあたしに条件をつきつけるとはいい度胸だ　ホンットに呆れた小娘だよ　お前は
ナミ　ふふ（くれはに鍵を渡す）
くれは　………いいだろう　治療代はいらないよ　ただしそれだけさ　もう一方の条件はのめないね　医者として
ナミ　ちょっと待って　それじゃ鍵は渡せないわよ　返して‼
くれは　いいかい小娘　あたしはこれからちょっと下に用事があって部屋をあけるよ　奥の部屋にあたしのコートが入ってるタンスがあるし　別に誰を見はりにつけてるわけでもない　それに背骨の若造の治療はもう終わってるんだが　いいね　決して逃げ出すんじゃないよ‼

（尾田栄一郎『ONE PIECE』⑰）

文脈が大事なので長めに引用しましたが、注目したいのはＤｒ．くれはの最後の台詞です。

尾田栄一郎『ONE PIECE』⑰/集英社

尾田栄一郎『ONE PIECE』⑰/集英社

尾田栄一郎『ONE PIECE』⑰/集英社

これはいったい、どういう発言になっているのでしょう？

まず、コミュニケーションという観点から見てみましょう。「いいかい小娘　……いいね決して　逃げ出すんじゃないよ!!」という発言で、いったいDr．くれははどのようなコミュニケーションをおこなっているのでしょうか？

この発言によってどのような約束事が生まれるのかを見てみると、それは〈Dr．くれははナミが逃げ出してはいけないと思っている〉といったような約束事になっていそうに思えます。この次のエピソードでのくれはとドルトンの台詞はこの点で示唆的です。

くれは　おや…　患者の数が足りないようだが…？
ドルトン　逃げ出しましたよ　…あなたの言いつけを守らずにね…
くれは　そうかい…　困った奴らだ…

（同前）

わざわざ「守らず」が傍点で強調されているところには、ふたつのニュアンスが込められていると言っていいでしょう。

尾田栄一郎『ONE PIECE』⑰/集英社

第一に、Dr.くれはが「いいかい小娘　……いいね　決して　逃げ出すんじゃないよ!!」と言ったとき、そのコミュニケーションによって「守るべき言いつけ」が生じていたということが示唆されています。つまり、このコミュニケーションによって先ほども述べた通り〈Dr.くれははナミが逃げ出してはいけないと思っている〉という約束事が生じるわけですが、さらに一般に治療中の患者は医者の考えに従うべきだという規範があると仮定すると、第二には、結果的に単にDr.くれはがどんなことを思っているかという約束事に留まらず、〈ナミは逃げ出してはいけない〉という約束事が帰結することになります。これが「言いつけ」にあたるわけです。

でも、ドルトンもDr.くれはも、ナミが「言いつけ」を守らないことはわかっていたし、そもそもDr.くれはだって、本心から「言いつけ」を守らせようとしていたわけではないはずですよね。だからこそ、ドルトンはあえて「守らず」を強調し、それがあくまで「約束事」の話であり、本心とは異なる、いわば一種の演技なのだということを匂わせているわけです。

Dr.くれはが本心から「言いつけ」を守らせようとしていたわけではないということは、本人の台詞からもうかがい知ることができます。

「いいかい小娘　あたしはこれからちょっと下に用事があって部屋をあけるよ　奥の部屋に

あたしのコートが入ってるタンスがあるし　別に誰を見はりにつけてるわけでもない　それに背骨の若造の治療はもう終わってるんだが　いいね　決して　逃げ出すんじゃないよ!!」とＤｒ．くれはは言ったわけですが、この台詞は単に「守るべき言いつけ」を告げるだけにしては、無駄な情報がたくさん含まれていますよね。本心から逃げ出さないよう指示しようとしているなら、コートの在り処や仲間の治療が終わっているという事実を告げる必要なんてない、というより告げないほうがいいはずです。でも、Ｄｒ．くれははあえてそのような情報を与えている。

　これによっていったい何をしようとしているのか。それを考えるためには、コミュニケーションからマニピュレーションという次元へと視点を移す必要があります。

　この発言を聞いたナミは、当然、なぜＤｒ．くれはがそのような余計な情報を伝えるのかとまずは訝《いぶか》しく思うことでしょう。そして、Ｄｒ．くれはがそのような発言をした動機を推測したならば、きっと「出て行っていいと言うことは医者としてできないが、しかしコートを着て仲間を連れて出て行くことを暗黙裡に促そうとしている」と気づくことでしょう。作中でも、Ｄｒ．くれはの台詞の途中でナミに「!」という吹き出しがついていたりしますし、実際、Ｄｒ．くれはが部屋を出た直後に、ナミはビビに「…コート着てサンジ連れて今のうちに逃げ出せってさ…」と述べ、ビビも「私にも…そう聞こえた」と返しています。

これが単に、Ｄｒ．くれはがその気もなしにうっかり漏らしてしまった情報を手掛かりにしてナミが逃げ出した、という状況ではないということに注意してください。Ｄｒ．くれはは、自ら進んでナミが逃げ出すよう促そうとして、わざわざあのような発言をしたわけです。これは、ナミの行動に影響を与えようというマニピュレーションなのです。

倫理観と人情の葛藤

Ｄｒ．くれはの発言によってなされていることをまとめてみましょう。ひとつ目には、この発言によって〈Ｄｒ．くれははナミが逃げ出してはいけないと思っている〉ということがその場にいた人々のあいだで共有された約束事となりました。それによって、のちのドルトンとの会話につながります。ふたつ目には、Ｄｒ．くれははこの同じ発言によって、〈Ｄｒ．くれははナミがコートを着て仲間を連れて出て行くよう促している〉とナミに気づかせようとも意図していました。ひとつの約束事をコミュニケーションによって形成しつつ、マニピュレーションによってまさにその約束事に反する行動を促しているわけです。

でも、なぜこんな回りくどいことをするのでしょう？　その答えは、Ｄｒ．くれはが実は医者としては高い意識を持っている人物であるという点にあります。法外な医療費を請求するなど一見するとＤｒ．くれはは悪徳医師のような振る舞いをしていますが、物語が進むにつれてそうではないということがわかってくるんですね。

医師としての倫理観に照らすならば、患者が治療の途中で出て行くのを認めるなどというのは、あってはならないことなのでしょう。だから、もしもはっきりとコミュニケーションのレベルでナミが出て行くことを認めてしまったならば、それは医師としての自分のありかたに反する約束事を生み出す結果になります。

ここで大事なのは、医師としての意識というものも、一種の約束事を生み出すという点です。言い換えると、規範をもたらすのです。医師としての意識を持っているというのは、つまり「医者である以上こういったことをしなければならない」だとか「医者である以上こういったことをしてはならない」といった感覚を持っているということのはずです。これは医者としての約束事ですよね。

約束事というのは行動を導くものです。そしてふたつの異なる約束事がまったく別の行動を推奨するとき、つまりその意味でふたつの異なる約束事が衝突してしまうとき、私たちはそのいずれかを選び、自分の行動を調整していかなければなりません。

Ｄｒ．くれはには、医者としての振る舞いに関する約束事がすでにありました。仮にナミとの会話のなかではっきりとナミが出て行くことを認めたならば、それによって医者としての約束事と反する約束事をナミとのあいだに形成することになります。そうするとどちらの約束事を優先するか選ばなければなりませんが、ナミとのあいだに形成した約束事を即座に破るようでは、ただ嘘をついただけになってしまいます。かといって、医者としての約束事を後回しにすることは、Ｄｒ．くれはの職業意識からはおそらく許せないことだったのでしょう。

この葛藤の結果が、コミュニケーションとしてはあくまで医者として振る舞い続け、マニピュレーションのレベルでナミに出て行くことを促すという、例の発言となったのでしょう。だからこそ、このたったひとことで、Ｄｒ．くれはの医師としての意識の高さも、ナミの事情を理解し慮《おもんばか》る人情も読者に伝わるわけです。

このように、何かの事情でコミュニケーションにおいて伝えることはできないけれど、しかし相手を思いやりもした結果として、コミュニケーションとマニピュレーションで相反する結果をもたらすような発言をするという例は、フィクションではしばしば粋な台詞として用いられます。自身の職務に忠実な人物が、その職務からしたら受け入れられないことだと知りながら主人公を助ける、といった展開が多いですね。

たまに優しさを見せるパタリロ

こうした会話をおこなわせることで登場人物の意外な側面を読者に見せるというのは、別の作品にも見られます。次に取り上げたいのは魔夜峰央《まやみねお》のギャグ漫画『パタリロ！』（白泉社）です。

『パタリロ！』は一九七八年に『花とゆめ』で始まった作品ですが、掲載の場を何度か移しつつ、いまでも『マンガＰａｒｋ』で連載が続いています。四十年以上にわたってずっと愛されているわけですから、すごい漫画ですよね。アニメ化もされていますし、また近年になって舞台化や実写映画化もなされ、そのたびに話題になっています。

この漫画は、ダイヤモンドの発掘と輸出で大きな利益を上げているマリネラ王国という架空の国を舞台にしています。主人公のパタリロ・ド・マリネール8世はたった十歳にしてマリネラ王国の国王を務めています。天才的な頭脳を持ち、その気になればタイムマシンをつくったり、猫を人間に変身させたりと、およそなんでもすることができ、本人にも時間跳《ちょう》躍《やく》や時間停止などのとんでもない能力が備わっています。お金と食べ物に意地汚く、非常に身勝手な性格で、パタリロの世話を焼くお付きの部隊（通称タマネギ部隊）をいつも困らせています。そんなパタリロがタマネギ部隊の面々や、イギリス情報局秘密情報部のエージェントであるジャック・バルバロッサ・バンコラン、その愛人の美少年マライヒなどと、いろいろと荒唐無稽なドタバタを繰り広げる、というのがこの漫画の基本になっています。

そんな『パタリロ！』ですが、たまにちょっと人情味の強いエピソードがあるのですね。そのひとつがかなり初期の「マリネラに降る雪」というエピソードです。

「マリネラに降る雪」は、パタリロの大学時代の友人クリスチャンがパタリロのもとを訪れるところから始まります（パタリロは飛び級を重ねて、九歳で大学を卒業しています）。クリスチャンは妹のココを喜ばせるために、マリネラ王国の国宝となっている「ミステア一号」というダイヤモンドを貸してほしいと頼んできます。これは四三〇カラットにもなる巨大なダイヤモンドで、あまりの貴重さゆえに、戴冠《たいかん》式と国王が亡くなったときの国葬の際にしか宝物庫から出してはいけないことになっています。

パタリロはわりといい加減な人物なのですが、このときは「いかにぼくが国王だといっても守らなければならないルールはあるのだ」と、かなり厳しくクリスチャンの頼みを断ります（『パタリロ！ 選集』⑤、白泉社）。珍しく表情もきりっとしています。

ところが後日、なんとクリスチャンが王宮に爆弾を仕掛け、トリックを使ってまでミステア一号を盗み出そうとしました。それが妹のココのためだというクリスチャンに、パタリロは事情を訊ねます。ところどころ省略しながら引用します。

クリスチャン　…じつはココの容態がひどく悪いのだ　かかりつけの医者の話では心臓が弱っていて悪くすると長くはもたないと…

［…］

パタリロ　なるほどそれは気の毒だが　それとミステア一号とどういう関係がある

クリスチャン　雪だ

パタリロ　!?

クリスチャン　ココが雪を見たがっているんだ

［…］

クリスチャン　だからぼくの手で雪をふらせてやろうと思ったんだ　このマリネラに！

そうすれば幸せなころを思いだして元気をとりもどしてくれるかもしれない
パタリロ　くどいようだが　それでミステア一号がどう関係してくるんだ
クリスチャン　人工降雪装置にはレーザーを使うんだ　強力なレーザー光線を作りだすためにできるだけ大きなダイヤが必要なんだ
パタリロ　ああ納得

（魔夜峰央『パタリロ！ 選集』⑤）

要するにお金のためなどでダイヤモンドを欲しがっていたわけではなく、病気の妹のためにダイヤモンドを使わせてほしいという話だったんですね。

さて、パタリロは国王としての責務と友人のクリスチャン、そしてその妹のココへの憐憫《れんびん》とのあいだで板挟みになるわけです。ここでパタリロはどうしたか。先ほどの会話の続きは次のようになっています。

クリスチャン　わかってくれたか！　ミステア一号を貸してくれるね!!
パタリロ　だめだ

クリスチャン　パタリロ！

パタリロ　しきたりは守らなければならない　しかしもちろんぼくがうしろを向いてる間にだれかがコッソリ持っていったとしても　それはぼくの関知するところではない

（同前）

『ONE PIECE』のＤｒ．くれはの発言と似たようなことが生じていますよね。ただ、Ｄｒ．くれはと比べると少しだけ言い回しがストレートです。コミュニケーションとしては、〈パタリロは、自分がしきたりを守り、ミステア一号を貸したりはしないと思っており、けれど自分が見ていないところで起きたことについては関知しないものとも思っている〉ということを約束事にしていることになります。

Ｄｒ．くれはの場合は、あくまで自分の責務に忠実な発言をしつつ、あえて余計な情報をもたらすことでナミの行動を促そうとしていたのでした。パタリロの場合は、国王としての責務に忠実な内容をコミュニケートするとともに、自分が関知するのがどういった領域のことであるかもコミュニケートしています。自分が関知する範囲を伝えること自体は国王としての責務に反してはおらず、だからそれくらいならコミュニケーションにしてしまっていい

魔夜峰央『パタリロ！ 選集』⑤/白泉社

魔夜峰央『パタリロ！ 選集』⑤/白泉社

魔夜峰央『パタリロ! 選集』⑤/白泉社

と判断したのでしょう。

ただパタリロも、クリスチャンに向かって、だからどうせよとは言っていないのですね。約束事のレベルにできるのは、自分は国王としてしきたりを守るということと、ただし自分が見ていない事柄については知らないというだけで、さすがに「持っていって構わない」とは伝えられなかったわけです。

でも、クリスチャンからすれば、ここで「ぼくがうしろを向いてる間にだれかがコッソリ持っていったとしてもそれはぼくの関知するところではない」とパタリロがわざわざ言うからにはそれには理由があるはずで、要するにうしろを向いているあいだにミステア一号を持っていくよう促しているのだと推察できるでしょう。パタリロももちろん、クリスチャンが推察してくれるのをわかっていて、実際にそのように促すつもりでわざわざこのように付け足したのでしょう。

普段はいい加減なところが多く、またタマネギ部隊に対してけっこう非情なことも平気でおこなうパタリロですが、このエピソードではこのわずかな会話で、国王としての意識とクリスチャンへの思いやりとが見て取れるようになっています。

ただし、この作品もオチはとても『パタリロ！』らしいものとなっています。いったいこの粋な会話のあとで何が起こるのか、気になるかたはぜひ読んでみてください。

アームストロング少佐の奇妙な発言

Ｄｒ．くれはやパタリロの発言は、自分の職務意識に照らすとどうしても相手と約束事にするわけにはいかないことがあり、それでも相手に何かを促したいとは思っていて、結果的にコミュニケーションとマニピュレーションがうまく使い分けられているという例になっていました。フィクション作品だと、それ以外のかたちでもコミュニケーションと相反するマニピュレーションが試みられる例を見ることができます。次に取り上げたいのは荒川《あらかわ》弘《ひろむ》の漫画『鋼の錬金術師』（スクウェア・エニックス）です。

『鋼の錬金術師』は『月刊少年ガンガン』で二〇〇一年から二〇一〇年にかけて連載されていたファンタジー漫画です。評価も人気も非常に高く、最終話が掲載された号が品切れになり、最終話だけ別の号に再び掲載されたりという伝説的なエピソードも残っています。

物語はエドワード・エルリック（通称エド）とアルフォンス・エルリック（通称アル）という兄弟を中心としています。このふたりは幼いころから錬金術に天才的な才能を示していたのですが、やがて病気で亡くなった自分たちの母親を蘇《よみがえ》らせようとして、禁忌《きんき》とされている「人体錬成」、つまりひとの肉体をつくりあげ、そこに魂を宿すような術式に手を出してしまいます。しかし人体錬成は失敗し、この失敗の影響でエドは片腕と片足を失って鋼の義手、義足を身につけることになり、アルは体を丸ごと失って魂だけが近くにあった鎧に宿るという状態になります。ふたりが体を取り戻すために錬金術の真実を知ろうとする冒険と、ふたりの暮らすアメストリス国に張り巡らされた陰謀とが絡み合い、ふたりはだんだんと大きな戦いの中心になっていくことになります。

実はこの漫画は、会話という観点からも非常に興味深いものとなっています。というのも、コミュニケーションにすることは慎重に避けつつ相手に何らかの情報を与えようとするというやり取りが、この作品では多用されるのですね。

典型的なのは、次のような会話です。アメストリス国の大佐で「焔《ほのお》の錬金術師」の名も持つロイ・マスタングが、親友でもあったマース・ヒューズ中佐の死をめぐってヒューズの部下でもあったアレックス・ルイ・アームストロング少佐と言葉を交わす場面です。

アームストロング　中佐を殺害したと思われる者達の目星はついております
マスタング　ならば何故さっさと捕らえない!!
アームストロング　目星はついておりますがどこの誰かもわからぬのです
マスタング　どういう事だ　詳しく話せ
アームストロング　できません
マスタング　大佐である私が「話せ」と言っているのだ　上官に逆らうと言うのか！
アームストロング　話せません
マスタング　…わかった　呼び出してすまなかったな　もう行っていいぞ
アームストロング　はっ　…そういえば我輩　言い忘れておりました　数日前までエルリック兄弟が滞在しておりましてな
マスタング　エ・ル・リ・ッ・ク兄弟が？

アームストロング　そう　エルリック兄弟です
マスタング　彼らの探し物はみつかったのかね？
アームストロング　いいえ　なにしろその探し物は伝説級の代物ですので
マスタング　そうか　ありがとう

（荒川弘『鋼の錬金術師』④）

このやり取り、どのような印象を持ちますか？　この会話の直後、マスタング大佐の副官であるホークアイ中尉は「…これといった情報は得られませんでしたね」と言っています。確かに、コミュニケーションとしてはそうなのですよね。アームストロング少佐はただ事件については話せないと言い、エルリック兄弟に関する世間話をしただけです。それゆえこのコミュニケーションによって形成される約束事は、〈アームストロング少佐は自分には事件についての情報を伝えることができないと思っている〉だとか、エルリック兄弟の近況に関する事柄だとかとなるでしょう。

しかしその後、マスタング大佐はこのように語ります。

荒川弘『鋼の錬金術師』④/スクウェア・エニックス

荒川弘『鋼の錬金術師』④/スクウェア・エニックス

荒川弘『鋼の錬金術師』④/スクウェア・エニックス

荒川弘『鋼の錬金術師』④/スクウェア・エニックス

荒川弘『鋼の錬金術師』④/スクウェア・エニックス　

マスタング　いや　まったく少佐はお人好しだ　「ヒューズを殺害したと思われる者達…」という事は相手は複数…　ひょっとすると組織として動いている者達…　「大佐である私の命令であろうと言う訳にいかない」という事は私以上の地位の者が少佐に口止めしているという事…　軍上層部がらみと考えていいだろう　そして「エルリック兄弟の探し物」　すなわち賢者の石だ

（同前）

コミュニケーションとしては、あくまでアームストロング少佐からマスタング大佐への情報提供ができないというようなかたちで約束事が形成されていたはずなのに、微妙な言葉の選択を介して、実は豊かな情報がマスタング大佐に伝えられているわけですね。それをアームストロング少佐のほうも狙って会話を選択していた。だから「お人好しだ」と言われているわけです。

複雑な会話による演出

この場面でアームストロング少佐がこのような発言をしたことの背後には、ひとつには軍上層部からの命令がすでにアームストロング少佐にとっては従うべき約束事として機能していたため、軍人としてそれと矛盾しないようなコミュニケーションしか取ることができなかったという面があったのでしょう。

もうひとつの理由として、この漫画において警戒すべき敵は軍内部も含めた至るところにいて、誰が敵なのかはっきりせず、マスタング大佐やアームストロング少佐はできるだけいかなる場面でも言質《げんち》を取られるようなことをすまいとしているという面もあります。もちろん本当に疑われたら問答無用で攻撃されることになるのでしょうが、それでもこのようにコミュニケーションのレベルにはしないで情報をやり取りしている分には、誰かにこっそり聞かれていたとしても情報の受け渡しについては白を切ることができます。それはアームストロング少佐が伝えたことではなく、マスタング大佐が勝手に推察したことなのだと。

すでに述べたように、『鋼の錬金術師』にはこうしたやり取りが本当に多いのですよね。実際、少しあとの9巻では、アームストロング少佐の部下であるマリア・ロス少尉にヒューズ殺害の容疑がかけられ、それをマスタング大佐が追い詰めるという展開があるのですが、その後のふたりのやり取りでは、今度はマスタング大佐のほうがコミュニケーションのレベルではあくまで何気ない会話に見せかけておきながら、アームストロング少佐に重要な情報を伝えるべくマニピュレーションもおこなうような発言をしています。

こうしたやり取りの多さが、『鋼の錬金術師』では効果的に働いているようです。それによって登場人物たち、特に主人公であるエルリック兄弟の味方でありながら、エルリック兄弟とは違い大人だからこその計算高さで物事をうまく運ぼうとする軍部の人々の優秀さが、読んでいて強く印象づけられるようになっています。率直に言って、なんだかみんなめちゃくちゃ賢そうで頼れそうなんですよね。

しかもそうした優秀そうなひとたちが些細《ささい》な情報さえコミュニケーションを避けてやり取りをするわけですから、すぐそばに敵が潜んでいるという緊迫感や、わずかに言質を取られただけで敗北してしまうくらいの敵の強大さがいやでも伝わってくるようになっています。

『鋼の錬金術師』では、まだ若いエルリック兄弟がこうした複雑なやり取りを理解せず、コミュニケーションのレベルにのみ反応する様子も描かれたりします。結果的にまだ子どもであるエルリック兄弟と大人であるマスタング大佐たちの戦い方の違いなども見えてくる巧みな描写です。

いま挙げた例はかなり複雑な洞察を要求するものとなっていましたが、マニピュレーションという行為自体は、必ずしも聞き手の強い洞察力を要求するわけではありません。わざと相手がいやがる言葉づかいを採用することで、コミュニケーションのレベルでは丁寧にしつつもマニピュレーション的に相手を挑発するなどといったことの場合には、話し手は単に聞き手が話し手の選んだ言葉に腹を立てることを意図しているだけでしょうから、先ほどのマスタング大佐とアームストロング少佐が見せていたような、相手がどのように考えて発言をしているのか、どのように発言を理解するかといったことへの複雑な推測は必要ありません。

でも、単に相手の心理や行動を操作するだけでなく「話し手が聞き手の心理や行動を操作しようという意図を持っている」というそのことにさえ聞き手が気づくように意図して発言をするという、より高度なマニピュレーションは、『ONE PIECE』や『パタリロ！』の例で見たような粋な台詞をもたらしたり、『鋼の錬金術師』の例で見られるような優れた知性を演出したりするのに役立つため、実際の会話でどれだけあるかはわかりませんが、フィクションでは多用されます。

でも、そのフィクションを楽しんでいるひとがそれを読み取れなかったら、結局その演出はうまくいかなくなるわけで、困りますよね。作中の人物は互いに高い知性を持ってやり取りするだけで済みますが、フィクション作品としては読者にそのやり取りでなされているマニピュレーションを理解させせないとならない（最初は理解しようのないマニピュレーションがあとで種明かしをされるというのも含めて）。この章の最後に、そんな工夫のなかで生まれたと思われる、とても面白い例をご紹介したいと思います。

あえて矛盾を引き受ける

取り上げたいのはNintendo Switchのゲーム『ポケモン不思議のダンジョン救助隊ＤＸ』（任天堂）です。『ポケットモンスター』は、「ポケモン」と呼ばれる可愛い生き物たちを集め、一緒に冒険する任天堂の大人気ロールプレイングゲームシリーズですが、この『ポケモン不思議のダンジョン救助隊ＤＸ』は、プレイヤーもポケモンのひとりとなり、パートナーのポケモンと一緒にダンジョンを探検するゲームとなっています。『ローグ』を起源とし、いまでは『トルネコの大冒険』や『風来のシレン』といったシリーズを通して広く知られている、いわゆるローグライクというジャンルに属すゲームとなっています。

このゲームでは、プレイヤーの分身である人間が、奇妙な出来事を通じてポケモンに変身してしまい、たまたま出会いパートナーとなるポケモンとふたりで「救助隊」を結成し、ダンジョンで困っているひとたちを助けながら、自分の身にいったい何が起きたのかを探っていくというストーリーが展開されます。救助隊というのは、この世界でポケモンたちが結成している自警団のような存在で、複数のグループがあり、互いにその功績を競っています。

その物語の中頃で、実はプレイヤーがほかのポケモンたちを危機に追いやる存在なのではないかと疑いをかけられる場面があります。これまで仲良くしていたポケモンたちが一斉にプレイヤーを敵と見なすようになる、なかなかに辛い展開です。数ある救助隊のなかでもトップクラスの救助隊である「FLB」というチームを率いるフーディンというポケモンを、パートナーは非常に尊敬しているのですが、このフーディンも、プレイヤーを追い詰める敵となってしまいます。

そのなかで出てくるのが、次のような会話です。パートナーにどのポケモンを選んだか次第でパートナーの台詞は変わるようなので、ト書き的にどういった反応を示すかだけを記すことにします。また、プレイヤーも複数のポケモンのうちからどれを自分の分身とするかを選べるようになっているので、そこの箇所は「【プレイヤー】」のように書くことにします。

フーディン　先ほどの広場での騒動のあと……みんなで話し合った。世界を救うにはどうしたらいいのか……をな。そして、その結果……、オマエを倒すことが決まった。
パートナー、驚く。
フーディン　ワシも、まさかとは思ったが……、そうであってほしくないと願ったのだが……、残念だ。ワシたちは……全力で、オマエを倒す!!
パートナー、身構える。
フーディン　一晩、時間をやる。
パートナー、戸惑う。
フーディン　その間に荷物をまとめここから逃げるのだ。明日になれば、いろいろな救助隊が追ってとなり……、オマエに、おそいかかるだろう。いや、オマエだけではない。【プレイヤー】についていくすべてのものは、敵とみなし……、ようしゃなく攻撃してくるだろう。それは、ワシたちも同じだ。当然、オマエたちを倒しにいく。しかしそれでも、なんとか逃げ切るのだ。逃げて、逃げて……、生き延びるのだ。真実を見つけるまで……な。

この最後のフーディンの台詞は、とても不思議なものになっています。はっきりとコミュニケーションのレベルで、〈フーディンは自分がプレイヤーたちを倒しに行くと思っている〉ということと、〈フーディンはプレイヤーたちが逃げるべきだと思っている〉ということ、この内容的に相反するふたつのことを同時に約束事にしようとしています。

ひとつ目の約束事のほうは理解しやすいですね。フーディンは救助隊を率いるリーダーであり、またほかの救助隊から模範と見なされるような存在でもある者として、たとえ本心ではプレイヤーたちに同情的であったとしても、コミュニケーションのレベルでは「オマエたちを倒す」と伝えざるをえないわけです。そのようなコミュニケーションをしないならば、自分の職務意識に反してしまう。『ONE PIECE』のＤｒ．くれはなどと同様の心理ですね。

独特なのは、これまでの例だったらマニピュレーションのレベルで伝えていたような、プレイヤーたちに逃げてほしがっているというような内容に関しても、コミュニケーションのレベルで伝え、約束事にしているという点です。ひとつ目の約束事と厳密に論理的には矛盾していないかもしれませんが、しかしそうは言ってもこのふたつ目の約束事は、ひとつ目の約束事をさせた職務意識からすると、普通なら避けそうなものとなっています。

これは、ポケモンというコンテンツが子どもも含めた非常に幅広い年齢の人びとに愛されているということと無関係ではないのではないかと思っています。『鋼の錬金術師』に見られたようなやり取りは、印象的ではある反面で読者側も努力しないと理解が難しい面があって、年齢によってはスムーズに理解できない子どもがいても不思議ではありません。おそらくそれもあって、『ポケモン不思議のダンジョン救助隊ＤＸ』のフーディンは、本来ならマニピュレーションのレベルで収めたいような内容も、はっきりコミュニケーションのレベルで伝えるようになっているのでしょう。

でも、これはこれでフーディンという人物の描きかたとしては面白いですよね。自分の状況からしてコミュニケーションのレベルに持ち込めないことをマニピュレーションのレベルで伝えるというのは粋な印象や知的な印象を与えるものですが、コミュニケーションのレベルには本当なら持ち込むべきでなかったものをついコミュニケーションのレベルに持ち込むフーディンの発言には、また別の印象を抱かされます。すなわち、本当なら言うべきでないことも言ってしまうくらいに、それによって矛盾めいたふたつの約束事を同時に形成するという半ば不可能に思えることまで引き受けても構わないというくらいに、プレイヤーたちに熱く語りかけているという印象です。

要するに、フーディンの発言はマニピュレーションで済ますべき事柄をコミュニケーションにした結果として、それによって生じる矛盾も顧みないほどに感情が迸《ほとばし》っているものに見えるのですね。

巧みなマニピュレーションがフィクション作品で登場人物の意識や知性を示す反面、マニピュレーションのレベルに抑え込むことを放棄し矛盾した約束事を引き受けることは、登場人物の感情の昂《たか》ぶりを示す。また、作品によってはマニピュレーションが下手である様子を見せることで登場人物の迂闊《うかつ》さや純朴さを表現することもあるでしょう。フィクション作品でコミュニケーションの枠内では扱えなそうな会話を見つけたら、ぜひそれが何かのマニピュレーションになっていないか、なっているとしたらその背後にどういった話し手の心理や狙いが見て取れるのか、あれこれと考えてみてください。自分がその会話に抱いた印象がだんだんと言語化される感覚が味わえるかと思います。

第七章 操るための言葉

- オセロー
- 言語の七番目の機能
- 同志少女よ、敵を撃て
- ブラック・クランズマン

心を操る

前章では、会話でマニピュレーションが駆使されている事例をいくつか見てきました。そこでは職務意識から、あるいはその他の理由で、はっきりとコミュニケーションにするわけにはいかない事柄があって、でもそれを相手に知らせたいとは思っており、その結果として、コミュニケーションにはならないよう慎重に言葉を選びながら、けれどその言葉の選びかたを通じて相手にメッセージを理解させる、というタイプの会話について取り上げました。

前章で見たようなマニピュレーションは、基本的に聞き手のためのものとなっていました。聞き手に伝えたい情報があるけれど、コミュニケーションはできないから別の手段で伝える、ということですから、聞き手に何かを知らせたいというのが前提になっていたわけです。

けれども、ひとの心理や行動に影響を与えるというのは、常にそのように相手のためにおこなわれるとは限りません。ときには話し手自身の利益のために、それとなく聞き手をコントロールするような仕方でマニピュレーションが試みられることもあります。

この章では、一見すると当たり障りのないコミュニケーションを介して、場合によっては聞き手も気づかないうちに聞き手の心理に影響を与え、それによって聞き手の振る舞いを一定の方向に導こうというタイプの発言を、そのさまざまな形態のもとで見ていきたいと思います。

でもその前に、まずはちょっと考えてみてほしいことがあります。あなたは誰かにそのひとが決して信じたがらないことを信じさせたい。その場合、どのように会話をしたらいいでしょう？　例えばそのひとと強い信頼関係にある別の誰かがそのひとを裏切っていると信じさせるなど。しかも実際にはそのような裏切りは起きてもいないような場合に。

もしそれをコミュニケーションによって伝えるとしたら、なかなか骨が折れるかと思います。相手に「あのひとのことを信用しすぎないほうがいいですよ」と言ったところで、おそらくは信じてくれないでしょう。それどころかそのコミュニケーションによって〈話し手はそのひとが聞き手を裏切っていると思っている〉という約束事が生まれてしまい、なぜそのような約束事を形成したかったのか、嘘をついているのではないかなどと疑念を持たれたり、仮に話し手が意図的に嘘をついているわけではないにしても、それならそれで話し手は聞き手にとって大事な友人であるひとに敵対意識を持っていると認識され、疎《うと》んじられたりするかもしれません。

ひとが信じたがらないことを信じさせるというときに、コミュニケーションはそこまで力を持たない場合があります。こうしたとき、いったいどうやって相手の考えを操ったらいいのでしょう?

イアゴーの企て

これを巧みにやってのけた代表的なキャラクターが、シェイクスピアの『オセロー』に登場するイアゴーです。イアゴーはどこか悪魔的な人物です。剣を持って戦ったりするわけではない。何をするかというと、とにかくしゃべるんですね。言葉だけを武器に、オセローに妻への疑惑を抱かせ、オセローを破滅へと導いていきます。

『オセロー』は、『ハムレット』『リア王』『マクベス』とともに、シェイクスピアの四大悲劇に数えられる有名な作品です。主人公は、ムーア人でありながらヴェニスの将軍にまで昇りつめたオセローです。オセローは、ヴェニス元老院議員ブラバンショーの美しい娘デズデモーナとひそかに結婚します。そして迫りくるトルコ艦隊との戦いの場にデズデモーナとともに向かうのですが、オセローの旗手イアゴーはひそかにオセローへの悪意を募らせ、オセローを罠にかけようともくろんでいました。

イアゴーは巧みにデズデモーナがほかの男といる場面をつくりあげ、オセローにデズデモーナへの疑いを吹き込みます。それに乗せられたオセローは、デズデモーナが浮気をしていると思い込んでしまいます。そしてオセローは嫉妬のあまりデズデモーナを殺害するのですが、そのあとになって初めてすべてがイアゴーの罠だったことを知ります。オセローは悲しみのあまり自らを剣で刺し、自殺してしまいます。

『オセロー』のストーリーはこういったものなのですが、注目すべきは妻の不義というオセローにとっては信じたくもないし思ってもいなかったことを、イアゴーがいかに信じ込ませたか、という点です。

次に挙げるのが、イアゴーがオセローに疑いを植え付けた場面です。

イアゴー　将軍——

オセロー　なんだ、イアゴー？

イアゴー　マイケル・キャシオーは、閣下が奥様に求婚なさったとき、そのお気持ちを知っていたのですか？

オセロー　知っていたとも、初めから何もかも。
なぜそんなことを訊くのだ？
イアゴー　いや、引っかかっていることをすっきりさせたいと、
別に他意はございません。
オセロー　何が引っかかるのだ？
イアゴー　彼が以前から奥様を存じあげていたとは知らなかったので。
オセロー　いや、それどころか二人のあいだをよく行き来してくれた。
イアゴー　本当ですか？
オセロー　本当ですか？　ああ、本当だ。何か気になるのか？
あの男が正直ではないとでも？
イアゴー　正直、ですか？
オセロー　正直？　ああ、正直だ。
イアゴー　そうです、私の知るかぎり。
オセロー　何を考えているのだ？
イアゴー　考える、ですか？

（松岡和子訳『オセロー』）

キャシオーというのはオセローの副官だった人物ですが、イアゴーの罠にかかって夜警中に酔っ払い、騒動を起こして、このときには副官から外されてしまっています。イアゴーは自分で罠にかけておきながら、キャシオーをそそのかし、デズデモーナに副官への復帰の手助けを頼むように仕向けていました。言われるがままにキャシオーはデズデモーナに会いに行き、オセローが来たタイミングで気まずくなってそそくさと逃げてしまいます。その後、オセローとデズデモーナとの会話のなかで、デズデモーナはキャシオーを副官へ戻すよう頼むのですが、いま引用したのはその会話が終わり、デズデモーナを見送ったあとの場面です。

このやり取りで鍵となるのは、キャシオーがかつてオセローとデズデモーナの仲を取り持った人間だということです。キャシオーはデズデモーナと仲がよく、だからこそ結婚前のオセローとデズデモーナのあいだで伝言係となって行き来していたのでした。要するにキャシオーはオセローが求婚する前からデズデモーナと親しい関係にあったわけで、イアゴーはそこに目をつけた。しかもキャシオーは若い美男子だとされます。これまでデズデモーナとキャシオーの間柄を疑いもしていなかったオセローですが、若く魅力的な美男子が自分の妻と自分が求婚する以前から親しくしているわけですから、ひとたび疑い出せばオセローにとってはどこまでも疑えそうな関係に見えてくるのですね。

読んですぐに感じると思うのですが、イアゴーはやけに疑問文を連発しています。疑問文のコミュニケーションでどういった約束事が形成されるのかはいろいろと難しいところですが、ここでは仮に「マイケル・キャシオーは、閣下が奥様に求婚なさったときそのお気持ちを知っていたのですか？」とイアゴーが言って起こったコミュニケーションによって、〈イアゴーはキャシオーがオセローの気持ちを知っていたのか知りたいと思っている〉といった約束事が形成されるとしましょう。

これ自体は、単にイアゴーが知りたいことに関する約束事で、そこにはイアゴーからキャシオーへの評価だとか、キャシオーをどう思っているかだとかといったことは何も含まれていません。コミュニケーションのレベルでは、それこそ本当に「他意のない」ものに見えます。

けれど、これを聞いたオセローはこう反応するはずです。「なぜイアゴーはそのようなことを知りたがっているのだろう？」と。実際、すぐに「なぜそんなことを訊くのだ？」と質問を返していますよね。そしてそういうふうに考えたなら、きっとオセローは続いてこのように考えるはずです。「自分に見当がついていないだけで、イアゴーにはそれを気にするだけの理由があるのだ」と。

その後のイアゴーのやり取りは、のらりくらりとしたものになっています。積極的にはただ「他意はない」「知らなかった」と述べるだけで、コミュニケーションのレベルでは大した内容を伝達してはいません。しかし、オセローの言葉に繰り返し「本当ですか?」「正直、ですか?」「考える、ですか?」と、延々と質問を続けています。

ここで気になるのは、この質問によってオセローには何が起こるのか、ということです。質問というのは、当たり前ですが答えとセットで考えられるべき現象です。「明日は晴れるだろうか?」のようなイエス／ノー式の疑問文には「晴れる」と「晴れない」という二通りの答えがあり得ます。「今度の芥川《あくたがわ》賞は誰が受賞するだろう?」のようないわゆるWH疑問には、候補となる対象の数だけ答えの可能性があることになります。「Aさんだ」「Bさんだ」「Cさんだ」というように。候補者が発表されたあとなら、たぶん芥川賞は例年五人に候補者が絞られていたはずなので、五通りの答えがあるわけですね。

質問と答えはセットなので、質問によるコミュニケーションがなされたとき、その会話では答えの候補がいわばこれから使える手札として導入されることになります。ですから、先ほどはイアゴーが形成した約束事は〈イアゴーはキャシオーがオセローの気持ちを知っていたのか知りたいと思っている〉のようなものと仮定していましたが、これはきっと厳密には〈イアゴーは次のいずれが成り立っているのかを知りたいと思っている：①キャシオーはオセローの気持ちを知っていた、②キャシオーはオセローの気持ちを知らなかった〉のように、可能な答えの候補も約束事に含んだものとなっているのだろうと考えられます。

これが約束事となってしまうと、聞き手であるオセローはこれに答えるか、もしくは答えるのを拒否するかしなければならなくなります。先ほどのような約束事ができてしまった以上は、単に聞こえなかったふりをするなどは不誠実な振る舞いになってしまうでしょうから。けれどそうすると、オセローはいやでもふたつの選択肢を意識せざるを得なくなります。

オセローは、そもそもキャシオーがオセローの気持ちを知っていたことを知っていたわけで、おそらくそれに関して特にこれまで意識に上げたこともなかったのではないでしょうか？　しかしイアゴーにこのようなコミュニケーションをされてしまうと、改めて意識に上げざるを得ません。それとともに、なぜいまイアゴーがそのような疑問を持ち、それを語ったのかを疑問に思い始めるでしょう。そしてきっと、キャシオーがオセローの気持ちを知っていたかどうかで対応の仕方が変わるような何かをイアゴーは知っているのだ、と考えることになるでしょう。

けれど、これがイアゴーの企んだことだったのです。イアゴーはただ疑問を口にするだけで、オセローが以上のような流れで思考を進めてしまうことを理解していました。理解したうえで、まさにオセローにそうさせようとして、疑問を口にしたのですね。実際にはキャシオーとデズデモーナのあいだに何もないことを知っていながら。

その後のイアゴーの質問は、オセローをさらに罠へと追い詰めていくものとなっています。例えば「正直、ですか?」という疑問は、それを受け取ったオセローとのあいだに先ほどと同じ流れで〈イアゴーは次のいずれが成り立っているかを知りたいと思っている：①キャシオーは正直である、②キャシオーは正直ではない〉という約束事をもたらします。オセローはこれに「ああ、正直だ」と即座に返答するものの、これに答えるためにはキャシオーが正直でない可能性も意識し、そのうえで「正直である」という答えを選択しなければなりません。

こうした質問がなされる前、キャシオーが正直でない可能性などオセローにとっては意識されてさえいなかった、それはまさしく「訊くまでもないこと」だったというところが重要です。訊くまでもないことだったはずなのに、訊かれてしまったから、それについて意識せざるをえなくなった。けれど、「正直でない」という可能性を意識する心というのは、すでにその相手の正直さを疑い出す第一歩です。ましてこの場面では、イアゴーは何かオセローの知らないことを知っていそうな様子を見せているのですから。

このように、イアゴーはいくつかの疑問文でオセローを疑いへと導いてしまいます。これはしかし、決してコミュニケーションのレベルには置かれずになされています。コミュニケーションのレベルでは、イアゴーはただいろいろな事柄を知りたがっているだけなのです。しかしまさにそのようなコミュニケーションをおこなうことが、オセローの猜疑《さいぎ》心に火をつける。イアゴーはそれを狙っていたのであって、これは非常に巧みになされるマニピュレーションの一種となります。この場合には前章で見た例と違い、オセローは自分がイアゴーにそのように誘導されているとは気づいていませんし、イアゴーもまたそれを気づかせようとはしていません。オセローは自分が操られているとは気づかずにイアゴーに操られているのです。

そういうわけで、相手が信じたがっていないことを信じさせるにはどうしたらいいか、という問題へのイアゴーからの答えはもうわかりますね。相手が信じたがっていないことを意識せざるをえないような質問を繰り返せばいい。少なくとも引用した場面でのイアゴーはそれをおこなっているのでした。これは悪意あるマニピュレーションのひとつの効果的な手法です。

比喩の威力

疑問文以外にマニピュレーションに用いられがちな手法として、比喩があります。比喩の特徴として、ひとたび比喩が受け入れられたならば、それによって直接的にコミュニケートされている内容を超えたさまざまな印象を聞き手に喚起することができるという点があります。

比喩の威力について知るために、ここでローラン・ビネの小説『言語の七番目の機能』（東京創元社）を取り上げてみたいと思います。『言語の七番目の機能』は、記号学者ロラン・バルトの事故死を題材にした風変わりなミステリです。バルトは実在のひとで、その事故死も実際の出来事ですが、その背後にあったものとして描かれる陰謀はときに荒唐無稽で、現実と虚構が入り混じる独特な作品になっています。

言語学者ローマン・ヤコブソンは言語が持つ六つの機能を分類しましたが、この小説では、バルトの死の背後にはこのヤコブソンによる言語の六機能の分類に収まらない謎の「言語の七番目の機能」に関する発見があったとされています。バルトの事故死の捜査を担当するジャック・バイヤール警視と、バイヤールに無理強いされるようにして捜査に加わることになった若い記号論学者シモン・エルゾグは、バルトの死の真相と言語の七番目の機能の正体をめぐって、あちこちを冒険することになります。

そんなふたりが冒険中に出くわす組織のひとつに、秘密結社〈ロゴス・クラブ〉というものがあります。ロゴス・クラブでは、会員同士がありとあらゆるレトリックを駆使しながら討論によるバトルをおこなっています。そして負けると指を失い、勝てばより高い地位につけるようになっています。

引用したいのは、主人公のひとりであるシモンがそのロゴス・クラブでの討論をおこなう場面です。シモンと対戦相手は「クラシックとバロック」というテーマで討論をすることになります。そこでその対戦相手が、比喩を利用しようとしているのです。

捉え難きバロックは国から国へ、世紀から世紀へ、十六世紀のイタリア、トリエントの公会議、反宗教改革、十七世紀前半のフランス、スカロン、サン゠タマン、十七世紀後半、イタリアへの回帰、バイエルン、十八世紀、プラハ、サンクト＝ペテルブルク、南アメリカ、ロココ……。バロックに統一性はなく、定められた事柄の本質もなく、永続性もない。バロックは動きである。ベルニーニ、ボッロミーニ、ティエポロ、モンテヴェルディ。

対戦相手のイタリア人は、いい意味での一般論を手繰《たぐ》り寄せた。

そして突然、人間の思考のいかなる機制、いかなる道筋、いかなる機微をたどったか、これに沿って論旨を展開すれば、あたかも修辞のサーフボードに乗って自在に波乗りできるかのごとき、弁論の主導軸を発見したのだ。それは逆説的な主張だった。“Il Barocco e la Peste.”

バロックはペストだ。

本質を欠くこの芸術潮流の真髄は、ここヴェネツィアにある。サン＝マルコ大聖堂の玉葱形の屋根のなかに、正面を飾るアラベスク模様のなかに、潟に向かって迫りだす宮殿の怪奇《グロテスク》な装飾、そして、あのカーニヴァルの人形のなかにも。

（高橋啓《たかはしけい》訳『言語の七番目の機能』）

「バロックはペストだ」というこの比喩は、これだけ読むとちょっとポイントがわかりにくいかもしれません。一般的には、何かを病気に喩えることは、それに対するネガティヴな見方を促すような語りかたになるでしょう。しかし「逆説的な主張」と言われているように、ここではあえて、バロックを歴史のなかに位置づけられたものとするために「ペスト」という比喩を用いているのですね。

この対戦相手がその後に語っているところによると、ヴェネツィアには歴史を通じて繰り返しペストが襲ってきたのだそうです。そしてそのペストとの対話の痕跡《こんせき》が、街のあちこちに見られる。バロックははっきりとした本質がないままに、しかしペストと同様に繰り返しヴェネツィアに現れてくるものであり、その意味でヴェネツィアそのものなのだ、というふうに議論を展開しようとしているのですね。

これが議論としてどれだけ説得力のあるものなのかは美術史に疎いものでよくわからないのですが、注目したいのは「バロックはペストだ」という言葉です。この比喩は、発言者自身にとっても「修辞のサーフボードに乗って自在に波乗りできるかのごとき、弁論の主導軸」とまで言われています。しかし、この比喩の何がそこまで強烈なのでしょうか?

この対戦相手が「バロックはペストだ」と発言したとしましょう。これによってどのようなコミュニケーションが成り立つでしょうか？　ここは意見が分かれるところだと思うのですが、〈話し手はバロックがペストだと思っている〉か〈話し手はバロックとペストが何らかの点で似ていると思っている〉のいずれかが聴衆とのあいだでの約束事となると考えることにしましょう。重要なのは、いずれにしても、あまりこれといった内容はない、という点です。

比喩の効果は、むしろそれが可能にするマニピュレーションにあるように思われます。いずれの約束事が形成されたにせよ、その約束事に参加した聞き手は、この約束事に従って展開されるであろうその後の発言についていくために、「果たしてバロックとペストのどこが同じだというのか？」だとか、「果たしてバロックとペストのどこが似ているのか？」と自問することになるでしょう。そのとき、バロックとペストの比較をしないとならないわけですから、当然その聞き手にはペストに関してそのひとが知っていることや、ペストについて抱いているイメージが想起されることになります。

聞き手が抱く具体的なイメージは、約束事のレベルにならないということに注意が必要です。もし「バロックはペストだ」と先ほどの対戦相手が言ったあと、聴衆から「バロックの感染を防げというのか！」などと野次が飛んだとしたら、対戦相手はきっと「そうではない」と窘《たしな》めて話を進めるでしょう。具体的にどういうイメージを抱くかというのはあくまで聞き手ひとりひとりの個人的な反応の問題であって、それ自体は約束事のレベルには持ち込まれず、話し手はそれについて「そんな話はしていない」と否定することができます。

比喩によって聞き手が想起する具体的なイメージはコミュニケーションのレベルにはなく、それゆえ話し手と聞き手の約束事には含まれていない。けれど、話し手にとって都合のよいイメージを聞き手が想起することを狙って、話し手が比喩を用いることはあります。というより、比喩は基本的にそのように用いられていると思われます。ではそれは何をしているのかというと、マニピュレーションをおこなおうとしているわけですね。

引用に出てきた対戦相手は、聴衆の多くがヴェネツィアの歴史に詳しいと考えていたのでしょう。そうであるならば、「ペスト」という言葉を聞けば聴衆の心にはヴェネツィアの長い歴史が思い浮かぶはずだ。対戦相手はそのように計算し、まさにそれを狙って「バロックはペストだ」という比喩を用いたものと考えられます。それがうまくいったならば、場合によっては、聴衆はこの話し手の議論に実際以上の説得力を感じることになるでしょう。聴衆の側で勝手にイメージを思い浮かべて、それをもとに議論を理解してくれるわけですから。いわば、自分の議論の説得力を、比喩によるマニピュレーションによってブーストすることができるわけです。

同じ意味の言葉で言い換えただけで

うまく状況を整えたならば、疑問文も比喩も用いず、ただの言い換えだけでひとの行動を方向づけることができる場合もあります。逢坂冬馬《あいさかとうま》の小説『同志少女よ、敵を撃て』（早川書房）を見てみましょう。

『同志少女よ、敵を撃て』は、第二次世界大戦中のソ連を舞台に、ドイツ軍と戦う女性狙撃手たちの部隊を描いた作品です。ただ戦争の悲惨さだけでなく、戦時下の性暴力や軍隊の隅々に行き渡っている男性社会によって、とりわけ女性がより大きな困難に直面することになるさまを鋭く描写し、戦争のさなかでの女性同士の連帯の物語となっています。

その冒頭近く、主人公のセラフィマが狙撃《そげき》について学び始めたばかりの場面で、次のようなやり取りがあります。

「複雑な公式を覚えたとしてのんびり机の上にノートを広げて計算していれば、その間にカッコーが暗算してお前を殺す」

このとき、生徒の一人が、イリーナの言った「カッコー」という言葉がなにかと質問すると、敵の狙撃兵のことだと教えられ、そこで奇妙なルールを教えられた。

ドイツ兵のことはいついかなるときも「フリッツ」と呼ぶこと。

同じく敵の狙撃兵は「カッコー」と呼ぶこと。

いかなる場面においても例外はない、と付け加えられた。そうは言っても使い慣れない俗語には抵抗があるもので、生徒たちはうっかり、「ドイツ兵」、「ドイツの狙撃兵」、といった言い方をしてしまう。そのたびに教官の誰かが大声で注意した。

その怒り方は、なにかのミスをしたときよりも明らかに強いものだった。

理由は不明だが、たいして難しい問題ではない。一週間もするうちに全員が「フリッツ」と「カッコー」を間違いなく使えるようになった。


（逢坂冬馬『同志少女よ、敵を撃て』）

いったいこの教育は何のためになされているのでしょうか？　その答えの一端は、次のシーンに窺《うかが》えます。

スターリングラードで、一人でも多くの敵兵を殺そう。

ふと、幼い日に見た演劇を思い出した。自分の感動した理念が、彼女を押しとどめようとした。

セラフィマは眠った。

戦う相手は「フリッツ」だ。

塹壕から顔を出して手を取り合い、戦いをやめるドイツ兵はもういない。


（同前）

もともとは、「フリッツ」はドイツ兵の言い換えとして導入された言葉だったはずです。しかし、「フリッツ」という呼び名のもとでの訓練と戦闘の末に、いつしかセラフィマのなかでは「フリッツ」と「ドイツ兵」が、いわば違う響きを持った言葉になっていることがわかります。これと同じことが、ほかの兵士にも起きていると考えられます。

以上を頭に置いたうえで、次の会話を見てみましょう。戦地でドイツ兵の男性と愛し合うようになった女性市民が、そのことを兵士たちに知られた場面です。

「私はドイツ兵に犯されてなんかいない！　私と彼は愛し合っているの！」

兵士たちは責める言葉も失って唖然とした。何を言ってるんだ、こいつは？

ママを含む狙撃小隊の兵士たちも同じく困惑するなか、オリガだけが笑みを浮かべて彼女の頬をなでた。

「ほう、フリッツと愛し合っているのか、ならば話は早い。お前はヒーヴィであり、裏切り者だ。祖国ソ連を裏切ってフリッツを愛する売国奴だ。処刑に異存はないな」

（同前）


「ヒーヴィ」はドイツ軍のスパイのことです。オリガというのは兵士のひとりですが、注目すべきはこのオリガの台詞です。「ほう、フリッツと愛し合っているのか」という発言によって、いったいオリガは何をしているのでしょうか？

これによって生じるコミュニケーションは、〈オリガは女性がドイツ兵と愛し合っていると思っている〉というのと同様の約束事を生み出すことになるでしょう。ただ、気になるのは、相手が「ドイツ兵」と言っているのをわざわざ「フリッツ」と言い換える理由です。

すでに見たように、もともとは「フリッツ」は単に「ドイツ兵」の言い換えとして導入されたはずの言葉でしたが、しかし訓練と実戦を重ねた兵士たちにとって、それらは違う響きを持っています。具体的には、「ドイツ兵」はあくまで話が通じるかもしれない人間であるのに対し、「フリッツ」は殺してもいい敵として対象を見るよう促す言葉となっているのです。

結果的に、「ドイツ兵」と「フリッツ」は言い換え可能な言葉であり、その意味でコミュニケーションのレベルでは差をもたらさないにもかかわらず、兵士たちにとっては異なる感情を喚起するものとなっていると考えられます。「ドイツ兵と愛し合っている」を「フリッツと愛し合っている」に言い換えたところで、一見すると何も変わっていないにもかかわらず、周囲の兵士たちは後者の言葉を聞いたときに、より女性市民に対する敵対的な感情を持つことになるでしょう。

オリガは、まさにそれを狙って「フリッツ」という言葉をあえてここで出しているのだと思われます。そうでなかったなら、「ほう、フリッツと愛し合っているのか」と言わず、単に相手の言葉を受けて「ならば話が早い。お前はヒーヴィであり、裏切り者だ」と言ってもよかったはずです。でも、そうはしないで、わざわざ「ドイツ兵」を「フリッツ」に入れ替えて、相手の言葉を繰り返した。そうすれば兵士たちの敵対感情を刺激し、自分の意見に賛同する者が増えると見込んだのでしょう。

ここまでで聞き手を話し手の都合のいい方向へと誘導しようとするさまざまなマニピュレーションの例を見てきました。重要なのは、マニピュレーションはコミュニケーションとはレベルが異なっている、ということです。それゆえ、マニピュレーションに気づいたひとがそれを問い詰めたところで、マニピュレーションの内容は約束事にはなっていないので、話し手はしらばっくれて、そのように解釈した聞き手へと責任を擦《なす》り付けることができます。

これについては『オセロー』が特にわかりやすいかもしれません。キャシオーが正直だと語るオセローに、イアゴーは「正直、ですか？」と訊ねていました。このとき、マニピュレーションとしては、オセローにキャシオーが正直でない可能性を意識させようとしているわけです。しかしここで仮にオセローが「キャシオーが正直でないとでも言うのか」などと問い詰めたとしても、イアゴーは「いえ、ただ訊いてみただけです」などとはぐらかすことができるでしょう。実際、そんなことをイアゴーは言ってはおらず、そのようなコミュニケーションはしていないのです。

それ以外のふたつの例については、そもそもマニピュレーションによって目指されている効果が聞き手の受ける印象の変化といったもので、はっきりとした内容があるわけではないのでややこしいのですが、例えばロゴス・クラブの聴衆が「ペストの比喩で説得的に見せかけようとしているな」などと言っても、話し手は「いえいえ、ただバロックとペストに似ている点を述べているだけと申し上げているのです」などとごまかせるでしょうし、『同志少女よ、敵を撃て』のオリガに「『フリッツ』と言い換えることで敵対的な心理を煽《あお》っているな」と言ったところで、「『ドイツ兵』も『フリッツ』も同じことだろう」と返されることでしょう。マニピュレーションは、「それを言ったか言わなかったか」という争いにおいては、当人が白を切る限りは基本的にあまり負けることがないものとなっています。

しかし、それにもかかわらず、オセローがストレートにデズデモーナの浮気の可能性について語られる場合以上に猜疑心を高められていたように、マニピュレーションにはストレートなコミュニケーションよりも効率的に感情を煽る面があるように思えます。オセローの場合、自分がイアゴーに操られているとは気づかず、単に会話を続けるうえで必要な思考をすることによって、自然と特定の方向に思考が誘導されていたのでした。結果的に、オセロー本人からすれば、イアゴーに言われたというより、イアゴーの言葉をもとに自分自身で思考したと感じられているはずなのですね。

マニピュレーションと差別

自分の考えを否定するのはひとの言葉を否定するより難しいというのは、多くのひとが経験していることだと思います。聞き手に気づかせないでおこなうマニピュレーションが効果を及ぼしたとき、聞き手は誘導された思考を、自分自身の思考として守ろうとする傾向を持つものと考えられます。

こうした特徴ゆえに、マニピュレーションは差別を煽《あお》るような文脈で多く使われる傾向があります。スパイク・リー監督による二〇一八年の映画『ブラック・クランズマン』でも、そうした例を多数見ることができます。

『ブラック・クランズマン』は、白人至上主義団体クー・クラックス・クラン（KKK）への潜入捜査をおこなった黒人刑事ロン・ストールワースの戦いを描く映画で、映画内でのKKKのメンバーの発言に人種差別を正当化するレトリックが多数含まれています。この映画の冒頭では、KKK内で見られていると思われる映像が流れ、そこではナレーターが次のような発言をしています。

我々は今も攻撃を受けています。新聞やニュースでお聞き及びでしょう。人種統合と人種混淆《こんこう》の――蔓延する時代に我々は生きているのです。ブラウン判決。ユダヤ人に――操られた最高裁が下したこの判決により、白人の子どもたちは――劣等人種との学習を強いられています。我々は棺に……。黒い棺に押し込まれ――米国は雑種国に堕《お》ちんとしている。我々は偉大な人生……じゃなかった！　偉大な生活様式を享受してきました。だが、あの――マーティン・ルーサー・クーンの黒狸と――アカ軍団による公民権攻撃で――白人プロテスタントの価値観は危機に。大切な白人の子供をニグロと同じ学校に？　連中はウソつきのサル。〝平等〟になろうと必死です。レイプ魔、人殺し。清き白人の……、〝清く純血〟だっけ？　レイプ魔、人殺し。清く純血な――白人女性の体を求める貪欲《どんよく》な獣だ！　そして連中の陰で糸を引くのは――寄生虫のユダヤ人です。連中は北部の黒い獣を使って……、黒い扇動者か？　また間違えた！　連中は北部の黒い獣の扇動者を使って神と聖書が認めた白人種による――世界統治の転覆を謀っています。ユダヤの陰謀なのです。我らに神のご加護を。あなたにも。

（『ブラック・クランズマン』）

これは内輪向けの映像ということで、コミュニケーションレベルでも露骨に陰謀論を語り、不当なことを言っていますが、注目してほしいのはここで用いられているレトリックです。

アメリカを「雑種国に堕ちんと」と述べることで、アメリカという国を本来は動物の交配について語られる純血／雑種という枠組みで見るよう聞き手を操作しています。結果的に、聞き手は純血／雑種が想起させるイメージのもとでアメリカの状況を見るよう促されることになります。さらに、公民権運動が「公民権攻撃」と語られることにより、戦争の比喩のもとで社会運動を捉え直すよう促されます。このふたつの比喩は、聞き手に〈純粋な血統を維持していた人々が暮らしている社会に、外敵が攻撃を仕掛けてきて、血統を汚そうとしている〉というイメージを、強く喚起するように選ばれたものと考えられます。そこにさらに「獣」や「寄生虫」といった言葉が加わってきます。

これらは全体として、黒人やユダヤ人、社会主義者や共産主義者が、〈もともとこの社会にはいない、外部からの侵入者である〉という考えへと聞き手を誘導させるものとなっています。獣は人間の社会の一員ではないでしょうし、「寄生虫」という言い方はどこかからやってきて宿主に取りつき、栄養を奪う存在としてイメージされるでしょう。いずれの比喩も、徹底して対象を社会の外部に置くイメージを聞き手が持つようなものとなっているのですね。

もちろん、実際にはそこで名指《なざ》されている人々はもともとその社会に存在していたわけで、一緒に生きる社会をより公正なものにしようとしているだけなのですが、畳みかけるような比喩によって「もともとその社会のメンバーだった」という側面を聞き手が意識しにくくなるようになっているわけです。それは当然、「この社会にこれ以上入ってこないように追い出さないと」という危機感を聞き手にもたらすでしょう。

これに加えて、いまの例では「アカ」や差別語である「ニグロ」のような言葉が用いられています。これは「ドイツ兵」を「フリッツ」に言い換えるだけで敵対的な意識を高めるのと同じように、ターゲットとなっている人々への敵対意識を高めるために用いられているものと考えられます。差別を煽る発言には、しばしばこのようにたくさんのマニピュレーションの試みが伴っています。

悪質なマニピュレーションをいかに非難するか

いま挙げたのはアメリカの映画でしたが、こうしたマニピュレーション的な発言はもちろん日本でもさまざまに見られます。

例えば、性的マイノリティの人権に関心があるひとなら、どこかでこんな発言を耳にしたことがあるのではないでしょうか。「ゲイを差別するわけではないけれど、でもみんながみんなゲイになったらどうなると思う?」こういう発言をするひとは、「それは差別だ」と批判されると得てして「いや、ただ疑問に思ったことを言っただけだ」とか「疑問を持つ権利さえないのか」と言い返しますが、確かにコミュニケーションレベルではそうなのです。

でも、マニピュレーションのレベルではどうでしょうか?「みんながみんなゲイになったらどうなると思う?」と問いかけられた聞き手がそれに答えようとしたら、実際にみんながみんなゲイになった場合というのを想像し、それをもとに可能な答えを考える必要があります。話し手がそれによって引き出そうとしているのは、例えば「みんながみんなゲイになったら新しい子どもが生まれにくくなって困る」という答えでしょう。もちろん、自分では言わないのですが。

このマニピュレーションの仕掛けは、「みんながみんなゲイになったら」というおよそありえない仮定をするっと導入しているところにあります。これはあくまで仮定なので、話し手はそれをはっきりと自分の考えとしてコミュニケーションのレベルに持ち込んでいるわけではありません。でも、話し手の質問に答えようとすると、そのありえない仮定が実現した状況を考えざるをえない。それによって、思考が一定の方向に誘導されるわけですね。話し手ももちろん、それを狙って発言しているのでしょう。

比喩や言い換えについても、それと意識してみると、たくさんの場所で目にするかと思います。もちろん、性的マイノリティだけでなく、女性や在日コリアン、生活保護受給者、障害者、人種的マイノリティ等、さまざまな人々にそれは向けられています。

コミュニケーションとマニピュレーションの区別を意識するとき、ひとつ言えることがあります。それは、マニピュレーションに関してはコミュニケーションとは別の仕方で責任を問う必要があるのではないか、ということです。

コミュニケーションにおいては約束事が形成されます。それゆえ、その約束事に対応した責任をコミュニケーションの参加者は負うことになります。話し手がその約束事に反したならば、「嘘つき」と非難されることもあります。コミュニケーションにおいてはこのように、「コミュニケートした以上はコミュニケートしていないことにはできない」という、いわば言説的な責任とでも言うべきものが生じます。

ですが本章で見たようなマニピュレーションについてこうした言説的な次元で責任を取る

ことを求めたとしても、それがそもそもコミュニケーションのレベルでの現象でない以上、話し手は容易にその責任を回避できてしまいます。少なくとも当人はそのように考えて動くでしょう。「あなたが気にしすぎなんじゃない?」などと言って。マニピュレーションのレベルで伝わる事柄に関しては、話し手は「そんなこと言っていない」などと白を切ることができるのです。もちろんこれは、そうしたしらばっくれが倫理的に許容されるべきだということではありません。そうではなく、会話の仕組みからしてそのように白を切る発言をすることを止めたり責めたりする手立てが、コミュニケーションの場合と同じようには見つからない、ということです。

それゆえ、マニピュレーションに関して責任を求めるときには、別の道筋が必要となります。要するにマニピュレーションの責任を問う場合には、「自分の言ったことは言ったと認めよ」というコミュニケーションのレベルでの責任を問うのではなく、「それによってどのような結果がもたらされるのか」「そのような結果をもたらすということを予見してそうした発言をしているのか」といった、より一般的な行為の善悪の次元で責任を問うべきなのではないでしょうか。

言説的責任と倫理的責任をしっかり区別することが重要です。悪質なマニピュレーションをおこなっているように見える発言に責任を問う場面では、しばしば意図的にか意図せずにか、この両者が混同され、本来は倫理的に善悪が問われるべき問題が言説的な責任のレベルで「言ったと認めるかどうか」の問題にすり替えられているように思えます。例えば差別的な発言を非難されたときに、そのようなメッセージを与える意図があったかどうかを問題にするのは、まさにそうしたすり替えですよね。その発言によるマニピュレーションがもたらす結果の悪質さが指摘されているにもかかわらず、その発言によって差別的な内容がコミュニケートされ、約束事が形成されているかどうかを問題にしているわけですから。

約束事の形成を避けつつ聞き手をコントロールするのがマニピュレーションなのですから、約束事が形成されるかどうかと問われたら当然されていないし、されないように計算して発言がなされているわけで、だから言説的な責任は回避されているのですが、そのことは本来、倫理的な面での悪質さとはまったく別の話であるはずです。

そうしたすり替えの挙句に、「不快な思いをしたひとがいたなら申し訳なく思います」程度の謝罪で片づけられることも多いですよね。発言がもたらす結果の悪質さについては検討もされないまま、発言がコミュニケーションレベルでは差別的な約束事をもたらしていないことだけが述べられ、「差別的だと感じたとしたら受け手の問題だが、とはいえそう感じたひとには申し訳ない」とばかりに、単なる受け手の心理の問題にされてしまう。

私は倫理学についてはまったく専門でないのであまり詳しいことはわからないのですが、少なくともコミュニケーション論的な見地からは、悪質なマニピュレーションは結果の善し悪しの点でその悪質さが問われるべきであって、それによってコミュニケーション的な約束事が形成されているのかだとか、その約束事に話し手が従っているかだとかといったことを焦点にすべきではないように思います。そこを問題にしてしまうと、あまりに最初から発言者側にとって有利にことが進んでしまいますから。

コミュニケーションとマニピュレーションが複雑に組み合わされて展開される会話という営みは、とても楽しく、そしてしばしば人間の愛らしい一面を見せてくれるものです。フィクション作品における会話を見ていると、いつもそのように感じさせられます。その一方で、会話はあまりにも私たちの日常の隅々に広がっていて、第五章で見たコミュニケーション的暴力や、本章で見た悪質なマニピュレーションといったものの脅威にもまた、私たちは常に直面しています。それだけでなく、そうした危険性には、この社会において不利な立場にもとからいるひとほど強くさらされてもいます。

会話の仕組みを抽象的な概念を持って理論的に捉える本書は、それだけ見ると何の意味があるのかよくわからない机上の空論的な試みに見えるかもしれません。でも会話というものを細かく理解したならば、それはフィクションでの会話をより細部まで楽しむための素敵なオペラグラスにもなりますし、また日常で出会う危険性への盾にもなります。そしてもちろん、すぐそばにいるひととの会話をいま以上に大切にするためのガイドブックになるかもしれません。

おわりに

会話におけるさまざまな現象を、さまざまな企みを語ってきました。会話というのは想像していたより複雑で興味深いものらしいと思ってもらえたでしょうか？

会話というのは、たくさんのものが重なり合う場所であると、私は思っています。そこには話し手と聞き手の、私とあなたの接点があります。私とあなたがコミュニケーションを通じて約束事を形成したなら、私とあなたはもう別々の存在ではなく、一個の「私たち」になって、その約束事に従った振る舞いをしていくことになるでしょう。

それとともに、会話において参加者たちはその個々人の心理を持っており、それぞれの動機から発言をおこないます。相手との約束事をきちんと形成したいから、わかっていることでも改めてしっかり言わせようとする、間違っているとわかっている事柄をわかっていないふりをするための共犯関係を築こうとコミュニケーションをする、コミュニケーションをしないで済むからこそ、そうでないと打ち明けられなかったことを打ち明ける。

他方で、ひとは会話を通じてほかの人間をうまく操ろうともします。約束事にするのは避けつつ相手が自分の本心に気づくように操る、あるいは相手に気づかれないようにこっそりと相手の感情を煽る。

会話の背後には、それぞれのひとの人生や感情があり、そして企みがあります。

そして、会話においてコミュニケーションがすれ違ったとき、話し手と聞き手の相互調整のなかで、社会という存在も会話の場に姿を現します。私があなたの上司であったとしたら、その社会的な位置づけがもたらす相互的な力関係がコミュニケーションの行く末に影響するでしょう。会話の参加者のあいだで社会的なマイノリティとマジョリティという差があるなら、それはそのコミュニケーションについて周囲の人間に語るときの影響力の差をもたらすでしょう。

会話は、個人と個人が向きあってなされるものでありながら、同時に、社会が現れる場でもあります。この本で取り上げたのはフィクション作品の例ですが、フィクションというのはどこかで現実を反映しているものです。現実の会話も、当然そのようなものとなっているでしょう。

現代の社会にはたくさんの言葉が溢れかえっています。特にインターネットに親しんでいたり、SNSを利用していたりするひとはそう感じるのではないでしょうか？　そうした場に流れる言葉も、たいていの場合には決して「ただの言葉」ではなく、本書で語ってきたのと同じような心理や企みを背負って発信されています。本書が、言葉の溢れる世界をうまく渡り歩くための手掛かりになれば、と思っています。

最後に、本書の内容の理論的なバックグラウンドについて簡単に述べておきます。

まず、約束事を形成するものとしてのコミュニケーションという考えは、次の本で私が提唱しているアイデアをかみ砕いたものです。

三木那由他（二〇一九）『話し手の意味の心理性と公共性』勁草書房

ここでは、本書でも紹介したポール・グライスという哲学者のコミュニケーション観を批判し、本書で利用したようなコミュニケーション観を打ち立てようとしています。

本書で「約束事」と呼んできたものは、マーガレット・ギルバートという哲学者が提唱する「共同的コミットメント」という概念に対応しています。ギルバートはまだ翻訳のない哲学者ですが、簡単な解説は『話し手の意味の心理性と公共性』にあります。ギルバート自身の文献としては、主に次の二冊での議論を見てもらうといいかと思います。

Gilbert, Margaret (1996) *Living Together: Rationality, Sociality, and Obligation*, Rowman & Littlefield Publishers, Lanham.

Gilbert, Margaret (2014) *Joint Commitment: How We Make the Social World*, Oxford University Press, Oxford.

最初に読むなら、*Living Together* に収録されている"Walking Together"という論文をお勧めします。「単に近い距離を保って同じ方向に同じペースで歩くことと、一緒に歩くこととの違いとは何か?」という一見すると些末とも思える問題から、興味深い哲学的議論が引き出される面白い論文です。

『話し手の意味の心理性と公共性』で批判しているグライスですが、そのコミュニケーション観は次の本で見ることができます。

Grice, Paul (1989) *Studies in the Way of Words*, Harvard University Press, Cambridge.（清塚邦彦訳『論理と会話』勁草書房、一九九八年）

グライス自身が編集し、その死の直後に刊行された主著で、グライスの代表的な論文を集めた論文集となっています。翻訳書は抄訳《しょうやく》で、原書に収められている論文の一部のみをまとめたものとなっていますが、コミュニケーション論に関するものはだいたい読むことができます。「意味」（"Meaning"）、「発話者の意味と意図」（"Utterer's Meaning and Intentions"）、「発話者の意味、文の意味、語の意味」（"Utterer's Meaning, Sentence Meaning, and Word-Meaning"）、「意味再論」（"Meaning Revisited"）の四本が、『話し手の意味の心理性と公共性』での私の議論に特に関わっています。

またグライスの哲学体系を、言語論やコミュニケーションだけでなくその全体にわたって紹介したものとして、以前に次のような本も出しました。

三木那由他（二〇二二）『グライス　理性の哲学——コミュニケーションから形而上学まで』勁草書房

グライスという哲学者の思想を網羅的に解説する本というのは、実は日本語ではもちろん、私の知る限りだと英語でも見当たりません（エピソード中心の伝記的な本はありますが）。その点ではなかなか珍しい本になっているのではないかと自負しています。

マニピュレーションに関しては、第一章でも触れたように、グライスのコミュニケーション論を少し修正すればそのままマニピュレーション論にできるのではないかと考えています。ですので、これについてもグライスの論文を読んでいただけたら、と思います。

本書でうまく取り上げることはできなかったのですが、マニピュレーションに関連して、いわゆる「犬笛《いぬぶえ》」という現象に私は注目しています。一部のひとにだけ特定の心理的影響を与えるような言葉で、政治的な煽動などによく利用されています。犬笛の哲学的分析としては、ジェニファー・ソールという哲学者による次の論文が有名です。

Saul, Jennifer (2018) "Dogwhistles, Political Manipulation and Philosophy of Language," in D. Fogal, D. W. Harris & M. Moss (eds.) *New Work on Speech acts*, Oxford University Press, Oxford: 360-383.

この論文の翻訳は、同じくソールの *Lying, Misleading, and What Is Said: an Exploration in Philosophy of Language and Ethics* (Oxford University Press, 2015) の翻訳書である次の文献に収録されています。

ジェニファー・M・ソール（二〇二一）『言葉はいかに人を欺くか　嘘、ミスリード、犬笛を読み解く』（小野純一訳）、慶應義塾大学出版会

本書第五章では、私がいままさに考えている事象として、「コミュニケーション的暴力」と私が呼んでいるものに関する話をしています。そこでの私の考えは、私が注目しているのとまったく同じ現象を扱っているわけではないのですが、会話と社会との接点を論じるようないくつかの本や論文にインスピレーションを受けています。それらを挙げておきます。

Anderson, Derek (2020) "Linguistic Hijacking," *Feminist Philosophy Quarterly*, 6 (3): https://doi.org/10.5206/fpq/2020.3.8162.

Bettcher, Talia M. (2013) "Trans Women and the Meaning of 'Woman'," in a. Soble, N. Power & R. Halwani (eds.), *Philosophy of Sex: Contemporary Readings* (*6th Ed.*), Rowman & Littlefield, Lanham: 232-250.

Fricker, Miranda (2009) *Epistemic Injustice: Power and the Ethics of Knowing*, Oxford University Press, Oxford.

Langton, Rae (1993) "Speech acts and Unspeakable acts," *Philosophy & Public affairs*, 22 (4) : 293-330.

コミュニケーション的暴力に関して、まだまとまったかたちでは語れていないのですが、簡単に触れたものとしては次のような論考があります。

三木那由他（二〇二〇）「『フラットな対話』と称するコミュニケーションに隠された

『暴力』を考える」、『現代ビジネス』
三木那由他（二〇二〇）「コミュニケーション的暴力としての、意味の占有」『群像』二〇二一年一月号

「コミュニケーション的暴力としての、意味の占有」は次の本にも収録されています。

三木那由他（二〇二二）『言葉の展望台』講談社

本書は、二〇二一年度の秋・冬学期に同じテーマでおこなった「会話の哲学」という講義と並行して書かれました。いろいろとコメントをくださった受講生のみなさんに感謝しています。本書で取り上げたフィクション作品について、世間話のついでに私があれこれとしゃべるのをあたたかく聞いてくださった同僚の嘉目道人さん、そして当時同僚だった西條玲奈さんも、本当にありがとうございました。また本書の企画を提案してくれるとともに、たくさん挙げた漫画作品の掲載許可もがんばって取ってくださった光文社新書編集部の田頭晃さんにも、改めてお礼を申し上げたいと思います。

二〇二二年六月

三木那由他

本書で取り上げた作品（登場順）

綿矢りさ（二〇一二）『勝手にふるえてろ』文春文庫
中村明日美子（二〇〇八）『同級生』茜新社
高橋留美子（二〇〇八）『うる星やつら』［新装版］㉞小学館サンデーコミックス
藤子不二雄（一九七八）『ウルトラスーパーデラックスマン』小学館ゴールデン・コミックス
アガサ・クリスティー（二〇一一）『オリエント急行の殺人』（山本やよい訳）ハヤカワ文庫
天樹征丸原作、さとうふみや漫画（二〇二二）『金田一37歳の事件簿』⑪講談社イブニングKC
ラナ・ウォシャウスキー&リリー・ウォシャウスキー監督（一九九九）『マトリックス』
山内尚（二〇二二）『クイーン舶来雑貨店のおやつ』秋田書店
ヤマシタトモコ（二〇一〇）『HER』祥伝社FEEL COMICS
横田卓馬（二〇一六）『背すじをピン！と～鹿高競技ダンス部へようこそ～』⑧集英社ジャンプコミックス
鎌谷悠希（二〇一五）『しまなみ誰そ彼』①小学館ビッグコミックススペシャル
シェイクスピア（一九九六）『ロミオとジュリエット』（中野好夫訳）新潮文庫
近藤史恵（二〇二〇）『マカロンはマカロン』創元推理文庫
高橋留美子（二〇〇七）『めぞん一刻』［新装版］⑲小学館ビッグコミックス

本書で取り上げた作品

別役実（一九九四）「魔女の猫探し」『カラカラ天気と五人の紳士』所収、三一書房
松井優征（二〇一三）『魔人探偵脳噛ネウロ』①集英社文庫（コミック版）
ヤマシタトモコ（二〇二一）『違国日記』⑧祥伝社FEEL COMICS swing
高橋留美子（二〇〇三）『高橋留美子劇場』②小学館ビッグコミックス
クリント・イーストウッド監督（二〇〇八）『チェンジリング』
尾田栄一郎（二〇〇一）『ONE PIECE』⑰集英社ジャンプコミックス
魔夜峰央（一九九五）『パタリロ！選集』⑤白泉社文庫
荒川弘（二〇〇三）『鋼の錬金術師』④スクウェア・エニックス
Nintendo Switch（二〇二〇）『ポケモン不思議のダンジョン救助隊DX』任天堂
シェイクスピア（二〇〇六）『オセロー』（松岡和子訳）ちくま文庫
ローラン・ビネ（二〇二〇）『言語の七番目の機能』（高橋啓訳）東京創元社
逢坂冬馬（二〇二一）『同志少女よ、敵を撃て』早川書房
スパイク・リー監督（二〇一八）『ブラック・クランズマン』

三木那由他（みきなゆた）
1985年、神奈川県生まれ。大阪大学大学院人文学研究科講師。京都大学大学院文学研究科博士課程指導認定退学。博士（文学）。著書に、『話し手の意味の心理性と公共性　コミュニケーションの哲学へ』『グライス 理性の哲学　コミュニケーションから形而上学まで』（ともに勁草書房）。共訳書に、ロバート・ブランダム『プラグマティズムはどこから来て、どこへ行くのか』上・下巻（勁草書房）。近著に、文芸誌「群像」の連載をまとめた『言葉の展望台』（講談社）。

会話《かいわ》を哲学《てつがく》する
コミュニケーションとマニピュレーション

2022年8月30日初版1刷発行
2022年9月25日　　3刷発行

著　者 ── 三木那由他
発行者 ── 三宅貴久
装　幀 ── アラン・チャン
印刷所 ── 萩原印刷
製本所 ── 国宝社
発行所 ── 株式会社光文社
東京都文京区音羽1-16-6（〒112-8011）
https://www.kobunsha.com/
電　話 ── 編集部03（5395）8289　書籍販売部03（5395）8116
業務部03（5395）8125
メール ── sinsyo@kobunsha.com

　ISBN 978-4-334-04622-4

1203
金融DX、銀行は生き残れるのか
遠藤正之

いま銀行ITで何が起きているのか。銀行は、この社会に、この時代に本当に必要なのか。メガバンクで三十二年半勤務した著者が現状を分析し、日本の金融サービスの未来を考える。

978-4-334-04612-5

1204
GHQは日本人の戦争観を変えたか
「ウォー・ギルト」をめぐる攻防
賀茂道子

GHQ民間情報教育局(CIE)の政策やそれに対する日本側の抵抗・協力の動きを検証し、占領期以降の日本人は「戦争の罪」をどのように理解していったのか、日米の心理を明らかにする。

978-4-334-04613-2

1205
緑内障の真実
最高の眼科医が「謎と最新治療」に迫る
深作秀春

失明原因第一位の緑内障。眼圧だけでなく視神経への血流不足や圧迫等も原因とされる。世界最高レベルの眼科外科医が、正しい知識とあきらめないための最新の治療法を丁寧に解説。

978-4-334-04614-9

1206
無国籍と複数国籍
あなたは「ナニジン」ですか？
陳天璽

自ら「無国籍者」として人生の大半を過ごしてきた著者が当事者に焦点をあて、国・国籍・国境を問い直す。トランスナショナルな時代に考えたい「人類社会がこれから向かうべき道」。

978-4-334-04615-6

1207
データ管理は私たちを幸福にするか？
自己追跡《セルフトラッキング》の倫理学
堀内進之介

スマホなどを通じた利己的な自己管理はどのように利他や社会へと接続可能か。リスクを検討しつつも「人文的な」批判に終始せず、慎重で開放的なスタンスから改革を提言する。

978-4-334-04579-1

1208
牟田口廉也とインパール作戦
日本陸軍「無責任の総和」を問う
関口高史

いつ、誰の、どのような意思決定で計画・実施されたのか？ 失敗の原因はどこにあるのか？ 軍事研究のプロが緻密な分析で、従来の牟田口像とインパール作戦の「常識」を覆す。

978-4-334-04616-3

1209
検証 内閣法制局の近現代史
倉山満

首相官邸や財務省を抑え込むほどの力を持つ内閣法制局。その力の源はどこにあるのか？ ロングセラー『検証 財務省の近現代史』『検証 検察庁の近現代史』に次ぐ、三部作完結編！

978-4-334-04617-0

1210
エベレストの空
上田優紀

緑溢れる麓の街道、標高8000mからの夜明け、天空に突き刺さる黒い頂――。挑戦した人だけが知るエベレストの全貌をネイチャーフォトグラファーが鮮やかな写真とともに描く。

978-4-334-04618-7

1211
鎌倉幕府抗争史
御家人間抗争の二十七年
細川重男

源頼朝亡き後、鎌倉幕府は異常ともいえる内紛と流血の時代を迎えた。御家人同士の抗争劇から浮かび上がる鎌倉時代初期の政治史と、武士たちのリアルな生き様を活写する。

978-4-334-04619-4

1212
萩尾望都がいる
長山靖生

『ポーの一族』『トーマの心臓』『11人いる！』『イグアナの娘』…SF、ジェンダー、多様性、親子関係etc.、常に時代の先を行くその表現に我々は何を学んだのか。魅力と活躍の軌跡を辿る。

978-4-334-04620-0

光文社新書

1213
いままで起きたこと、これから起きること。
「周期」で読み解く世界の未来
高城剛

社会は循環し、万物に周期が存在する。２０２０年代の現在、あらゆる分野のサイクルが幾重にも重なる転換点に立っている。時代の大波を知り、サバイブするためのヒントを共有する。

978-4-334-04606-4

1214
ＩｏＴと日本のアーキテクチャー戦略
柴田友厚

いま、なぜアーキテクチャー戦略が重要なのか？　トヨタ、ダイキン、コマツ……世界で成功している企業から何が学べるか？　二つの重要なキーワードから、日本企業が採るべき道を探る。

978-4-334-04621-7

1215
会話を哲学する
コミュニケーションとマニピュレーション
三木那由他

会話とは言葉をもって互いに影響を与え合う営みなのか？　漫画や小説などを題材に、コミュニケーションとマニピュレーションという二つの観点から、会話という行為の魅力を解き明かす。

978-4-334-04622-4

1216
昭和の東京郊外
住宅開発秘史
三浦展

戦後、住宅難から発生した土地開発バブルによる悲喜こもごものドラマを経て郊外は発展していった。当時の不動産チラシをもとに跡地を訪ね、家と町の歴史を考証する新しい住宅史。

978-4-334-04623-1

1217
農家はもっと減っていい
農業の「常識」はウソだらけ
久松達央

「農家」の８割が売上５００万円以下という残念な事実／農地転用という農家の「不都合な真実」／――農業に関する様々なウソに丁寧に反論し、これからの日本の農業のあり方を考える。

978-4-334-04624-8